DECLÍNIO DA VIDA EM SOCIEDADE E O BRASIL NO INÍCIO DO SÉCULO XXI

Marcio Pochmann

DECLÍNIO DA VIDA EM SOCIEDADE E O BRASIL NO INÍCIO DO SÉCULO XXI

EDITORA
IDEIAS&
LETRAS

Coordenação Editorial
Valério Alves

Preparação
Daniel de Vasconcelos Andrade

Revisão
Andresa Mariana

Diagramação e capa
Danielly de Jesus Teles

1ª impressão

Rua Oliveira Alves, 164
Ipiranga – São Paulo/SP
Cep: 04210-060
Televendas: 0800 777 6004
Editorial: (11) 3862-4831
vendas@ideiaseletras.com.br
www.ideiaseletras.com.br

Dados Internacionais de Catalogação na Publicação (CIP) de acordo com o ISBD

P741d Declínio da vida em sociedade e o Brasil no início do século XXI / Marcio Pochmann. – São Paulo : Ideias & Letras, 2024.

184 p. ; 16cm x 23cm. – (Sociopolítica)

Inclui bibliografia.

ISBN: 978-65-87295-76-3

1. Ciência política. 2. Sociopolítica. 3. Economia. 4. Brasil. 5. Era Digital. I. Título. II. Série.

2024-1808 CDD 320
CDU 32

Elaborado por Odilio Hilario Moreira Junior - CRB-8/9949

Índices para catálogo sistemático:

1. Ciência política 320
2. Ciência política 32

Sumário

Apresentação

Revolução informacional e transformação da sociedade

Neste primeiro quarto do século XXI, o novo modelo de negócio que emerge do ingresso das sociedades na Era Digital, aprofunda ainda mais o padrão do desenvolvimento capitalista desigual e combinado. Isso porque o curso da revolução informacional tem produzido inédita Divisão Internacional do Trabalho: de um lado, poucos países produtores e exportadores dos bens e serviços digitais; de outro, a maioria absoluta de nações importadoras desses mesmos bens e serviços.

A nova hierarquização do mundo em deslocamento – do seu centro dinâmico do Ocidente para o Oriente – reconfigura as nações desenvolvidas enquanto produtoras dos bens e serviços digitais. Por meio de suas grandes corporações transnacionais de *big data*, robótica, inteligência artificial, entre outros, a disputa de futuro passa pela soberania ampliada dos dados, base do monopólio do poder das armas, tecnologia e da moeda de curso internacional.

Em consequência, um novo subdesenvolvimento se difunde aos demais países importadores de bens e serviços digitais. São nações agora transformadas em exportadoras dos dados brutos, provenientes das decisões individuais dos usuários da internet e, principalmente, das redes sociais. Desse modo, um volume inédito de dados e informações pessoais passa a ser coletado livremente, isto é, sem regulação adequada, pois são impostos pela autorização da política de privacidade do oligopólio das corporações transnacionais. Dados pessoais passam a ser armazenados, sistematizados e aperfeiçoados na marcha da economia da datificação, cujos lucros são extraordinários.

Das 10 maiores empresas operando na Bolsa de Valores dos Estados Unidos (Microsoft, Apple, Amazon, Nvidia, Alphabet Class A, Meta, Alphabet Class C, Berkshire Hathaway, Tesla e UnitedHealth Group), sete são de *big data*. Por outro lado, assiste-se ao apequenamento das grandes empresas da Era Industrial (siderurgia, química e demais manufaturas como automatísticas), outrora difusoras dos vínculos do padrão fordista do emprego laboral.

Diante da roupagem renovada do capitalismo, cada vez mais de vigilância, a acumulação se amplia no plano territorial e financeiro. Concentra riquezas e aprofunda a exploração através de novos proprietários dos meios de produção a controlar novas multidões de sobrantes – sem destino que não seja dependerem das ocupações gerais de subsistência e/ou dos programas assistenciais de transferência de renda pública. Para tanto, vê-se uma outra alienação emergir das novas formas de dominação, assentadas muitas vezes no empreendedorismo de si próprio, estimulado por políticas governamentais enraizadas na selvageria da competição do "salve-se quem puder", que é próprio do ilusionismo meritocrático.

Nesse sentido, a nova estrutura de sociedade nasce prisioneira da sofisticada dominação, dependente das redes e das práticas digitais associadas à captura de rendas; tanto extraídas da tomada de decisão de natureza econômica, que realizam no interior da sociedade, como da redistribuição operada por meios políticos do fundo público, a exemplo da proposição da renda mínima. Sob o capitalismo digital sem freios, numa economia monetária pela exploração da força de trabalho centrada no mercado de trabalho livre com mão de obra privada dos meios de subsistência, a extração do excedente ganha nova dimensão.

Pela expropriação própria de mecanismos políticos e coercitivos extraeconômicos, que se apoiam tanto no centro dinâmico como na despossessão periférica reconfigurada pelo centro dinâmico mundial, há a requalificação da atual mudança operada no interior da estrutura social da Era Digital. As novas relações de trabalho disfarçam a subordinação direta, fazendo crer que há oportunidades de ganhos flexíveis, decorrentes do surgimento de empresários independentes a acessar aplicativos e plataformas *online*, gerenciados pelo taylorismo algorítmico digital.

Próprio da versão moderna das empresas de serviços sob demanda, contratando "independentes", o trabalho eventual, temporário, intermitente e provisório decorre de capitalistas que, sem investir nos meios de produção tradicionais, compram força de trabalho por novos meios. Enquanto isso, capitalistas inovadores, que investem recursos em pesquisa e desenvolvimento, geram novas atividades, a incluir novas mercadorias na produção. Excedentes são obtidos e, ao mesmo tempo, desorganizam-se setores econômicos consolidados, tais como os de transportes, hospedagem, restaurantes, entre outros – destruição criativa.

Com isso, a antiga estrutura de classes da sociedade industrial se reconfigura profundamente na Era Digital. Avança-se a partir de uma acumulação de riqueza ampliada de investimentos forçando o declínio da antiga economia da Era Industrial. Agora, e cada vez mais, vê-se a proliferação das ocupações gerais, conectadas à economia da datificação, que controlam as relações entre clientelas. Em contrapartida, elas se apropriam de uma parcela das receitas dos negócios, sobretudo com a exploração econômica laboral e a expropriação extraeconômica decorrente da dominação dos acessos ao mercado.

O processo de monopolização do capital vem se intensificando através de empresas que estão ainda mais mobilizadas nas tarefas de criação destrutiva de concorrentes, facilitadas pela eliminação das regulamentações e pela maior pressão sobre clientes e trabalhadores. A massiva destruição do padrão fordista de emprego assumiu o elo principal, tanto da monopolização capitalista como da destruição em massa dos direitos e conquistas laborais.

Sobretudo, no outrora Ocidente moderno, o predomínio do neoliberalismo ao longo do tempo alterou as relações sociais decorrentes da modificação da propriedade social dos meios de produção, bem como aprisionou o Estado à lógica da estagnação secular. Assim, a lógica de distribuição da produção social da riqueza, própria das economias da escassez, tem sido acompanhada pela crescente redistribuição social dos riscos técnico-científicos, gerados pela revolução informacional.

Em função disso, a acumulação de riqueza por poucos capitalistas permite que eles se utilizem cada vez mais de seu poder econômico na esfera política – estratégia compatível com a intensificação da pobreza, desemprego e desigualdade. Para tanto, assiste-se ao enfraquecimento da soberania nacional, submetido ao processo de privatização e submissão econômica da autoridade política resultante – ainda, dos processos democráticos de escolhas eleitorais.

As corporações transnacionais de *big tech* tendem, portanto, a assumir posições como se fossem Estados soberanos. Interpretam e dominam dados e informações que materializam a riqueza crescentemente concentrada na maior parte dos países em franco processo de subdesenvolvimento. Mesmo com o dinamismo econômico retraído, mobilizado pelo rentismo neoliberal, a acumulação lucrativa, apoiada na maior exploração da força de trabalho, como na despossessão extraeconômica, difunde-se pelo novo subdesenvolvimento e pela dependência externa.

No passado, durante o final do século XIX, por exemplo, a passagem de um capitalismo alicerçado na livre competição para o capitalismo monopolista transformou profundamente a compreensão teórica do que seria a estrutura de classes nas sociedades urbanas e industriais. Com a emergência da grande empresa capitalista, portadora do conjunto das inovações de processos e produtos próprios da Segunda Revolução Industrial, ocorreu o deslocamento do antigo trabalhador de ofício, ocupado em pequenas unidades produtivas, para a massificação do proletariado urbano, ocupado nas médias e grandes indústrias.

Foram essas as transformações que levaram os países pertencentes ao Norte Global a se consolidarem na centralidade geopolítica mundial, sobretudo pela liderança dos Estados Unidos. Na esteira desses acontecimentos, um novo conceito emergiu: emprego fordista da mão de obra. Distinguível, principalmente, pelas características da regularidade e estabilidade ocupacional, associadas à capacidade de englobar amplas massas de trabalhadores, doravante organizadas pelo novo sindicalismo e pelo Estado de bem-estar social.

A emergência do fenômeno das sociedades de massas urbanas, geralmente associadas ao avanço do letramento educacional, transcorreu acompanhada pelas ofertas da indústria cultural a invadir a esfera pública, principalmente nos países desenvolvidos do Norte Global. Nos demais países, a passagem para a sociedade de massas ocorreu, em geral, sem o pleno letramento educacional, o que gerou heterogeneidades pronunciadas.

Compreender tais desigualdades exige considerar que foi a partir das especificidades identificadas no centro dinâmico do capitalismo mundial que os países periféricos buscaram, pela via política, internalizar o processo de industrialização tardia, configurando também uma nova classe trabalhadora. Mas, como isso dependeria da capacidade de cada país alterar a sua posição relativa na Divisão Internacional do Trabalho, mesmo com o avanço do movimento anticolonialista no mundo, pouquíssimas nações conseguiram, de fato, constituir projetos nacionais de desenvolvimento.

O importante, contudo, foram as alterações no entendimento do que passou a ser reconhecido como trabalho na Era Industrial, quando se passou a separar o que era considerado trabalho de produção, associado a atividades mercantis, daqueles vinculados à reprodução humana e não mercantil. Na sociedade agrária, por exemplo, o labor era compreendido como uma totalidade; em geral, não se diferenciava atividades de produção material daquelas vinculadas à reprodução humana, menos ainda se pensava na separação do trabalho em relação ao não trabalho.

Com a passagem para a sociedade urbana e industrial, o labor foi reconceituado. Foi ficando mais nítida a separação das atividades mercantis de produção material daquelas de reprodução humana, bem como as condições de trabalho das de não trabalho. Nesse sentido, as pesquisas oficiais dos países que pretenderam retratar a realidade do mundo do trabalho tenderam a ser homogeneizadas pela centralidade da experiência dos países do Norte Global, especialmente a partir do segundo pós-guerra, por intermédio das divisões de estatísticas das agências multilaterais das Nações Unidas (FMI, BM, Unicef, Unesco, Pnud, OIT, FAO, entre outras).

Pela perspectiva de expansão dos trinta anos gloriosos do capitalismo no Norte Global, no segundo pós-guerra do século XX, a padronização metodológica se disseminou, mesmo que a realidade do mundo do trabalho dos países do Sul Global não estivesse em plena sintonia com a trajetória da Era Industrial. Dessa forma, o enquadramento do mundo a metodologias estatísticas próprias da realidade dos países do Norte Global gerou entendimentos e ações políticas como se fossem ideias fora de lugar.

Diante do domínio da soberania na Era Digital, imposto pelas corporações transnacionais, a promoção de novos conceitos de sociedade, trabalho e renda assume centralidade metodológica nas estatísticas oficiais. Isso porque a passagem para o século XXI tem sido acompanhada pelo deslocamento do centro dinâmico do Norte Global para o Oriente.

Com isso, o crescente poder das grandes corporações transnacionais tem esvaziado a soberania de dados das nações posicionadas na Divisão Internacional do Trabalho como importadoras de bens e serviços digitais. O subdesenvolvimento alicerçado na ruína das sociedades urbano-industriais, sobretudo no capitalismo ocidental, acontece concomitante ao desmonte do padrão fordista de emprego que cedeu lugar à nova estrutura de sociedade própria da Era Digital.

Nesse sentido, a tradicional separação entre o labor de produção e o de reprodução, bem como a do trabalho e do não trabalho, passou a ficar insuficiente para explicitar a nova realidade do avanço das múltiplas ocupações gerais e da inserção na digitalização e monetização das redes sociais e plataformas *online*. O labor remoto e híbrido, imposto pelo receituário neoliberal do capitalismo informacional desregulado, sem mais a necessidade de sua realização em local específico e determinado, promoveu novidades até então desconhecidas pelo plano metodológico das estatísticas oficiais.

Ao se desconhecer a profunda transformação em curso na classe trabalhadora, a reprodução do padrão internacional das estatísticas tradicionais, próprio do passado da Era Industrial, pode estar obscurecendo um mundo diferente que se erige – que não se revela apenas pela destruição do antigo mercado de trabalho, ancorado no padrão de emprego fordista. Faceta esta já revelada e que tem contribuído para o desânimo com as lutas, para o cancelamento do futuro e para o rebaixamento do horizonte das expectativas transformadoras e superiores.

Para o espectro político da extrema direita, nada seria melhor, pois encontra o que a alimenta e a fortalece no mundo cada vez mais focado no individualismo do presentismo. Assim, o progressismo iluminista, forjado na expectativa de que o amanhã poderia ser sempre superior ao presente, desde que desafiado pela coletividade consciente das lutas sociopolíticas, parece ficar com o passado, cujas iniciativas atuais se perdem nas reparações identitaristas.

Com a passagem para a Era Digital, claramente malconduzida pelo receituário neoliberal desde os anos 1990, no Brasil, o ataque à economia nacional desmontou as bases pelas quais se fundamentava a tradicional e incompleta sociedade urbana e industrial. A desindustrialização desarticulou o sistema produtivo e interrompeu o movimento geral de estruturação do mercado de trabalho, reduzindo tanto os postos intermediários de classe média quanto o próprio processo de proletarização urbana, perseguida de direitos sociais e trabalhistas.

O aparecimento do inédito desemprego aberto transcorreu simultaneamente à perda de funcionalidade econômica de parte das ocupações informais (assalariadas e por conta própria), fazendo expandir a esfera da subsistência. A flexibilização da legislação social e trabalhista adotada desde os anos 1990 (contratos temporários, terceirizados, cooperativados, pejotização, microempreendedores individuais e outros) contribuiu para que uma parcela das ocupações se deslocasse para atividades vinculadas à prestação de serviços para os segmentos cada vez mais ricos da sociedade (segurança, limpeza e asseio, cuidadores de animais, entregadores variados, *personal stylist*, *trainer*, entre outros).

De outra parte, o Brasil terminou incorporando a Era Digital enquanto país consumidor, não como produtor de bens e serviços digitais, o que o faz cada vez mais dependente da geração de receitas em moedas externas derivadas da produção e exportação de produtos primários. Com isso, parece repetir situação comparável ao ingresso rebaixado à Era Digital, ocorrido no início do século XIX, quando o acesso importado dos bens e serviços da Era Industrial dependia da exportação do setor agroexportador.

Nos dias de hoje, o Brasil detém a sexta maior população global, está entre as dez principais economias do planeta, respondendo pelo quarto maior mercado consumidor do mundo de bens e serviços digitais. Na condição de país consumidor importador, o governo brasileiro leiloou o acesso à tecnologia 5G como se fosse, por exemplo, uma ida ao supermercado para comprar qualquer tipo de bem ou serviço, sem nenhuma preocupação, portanto, com contrapartidas – possibilidades de internalização do saber fazer, da infraestrutura, da formação de mão de obra, entre outras.

Com isso, o país, na Era Digital, passa por uma aceleração da desigualdade, pelo esvaziamento crescente da soberania tecnológica, e pela dependência do mercado externo. A perda da oportunidade de produzir internamente faz do Brasil um país consumidor externo, dependente do exterior importador de *commodities*.

As trocas desiguais, tratadas no passado pela versão cepalina da deterioração dos termos de trocas, ou pela perspectiva do trabalhismo de Vargas como perdas internacionais, estão intensas. Numa espécie de neoextrativismo, o Brasil exporta em grande escala produtos de baixo valor agregado para importar bens e serviços de elevado conteúdo tecnológico.

Concomitante à destruição dos antigos sujeitos da sociedade industrial (classe média assalariada e operariado com carteira assinada), emerge uma nova estrutura de classes na sociedade, afastada da tradicional relação salarial e, por consequência, dos direitos sociais e trabalhistas. Por cem anos, precisamente entre os anos 1889 e 1989, a relação salarial despontou como o principal mecanismo de transformação da antiga massa inorgânica, herdada do agrarismo, em proletariado urbano. A partir da década de 1930, a identidade e o sentimento de pertencimento foram redefinidos pelo acesso à carteira de trabalho, vista como uma espécie de passaporte à cidadania regulada.

Em 1940, o país detinha somente 12,1% do total da força de trabalho com emprego assalariado e direitos sociais e trabalhistas. Já no ano de 1989, chegou a registrar 49,2% da População Economicamente Ativa (PEA) no assalariamento formal. Três décadas depois, em 2021, o Brasil registrou 41,1% do total da PEA em relação salarial formal.

Em virtude disso, assiste-se à marcha da desproletarização no interior do mundo do trabalho, cuja relação débito-crédito tem se fortalecido no país, em plena condição de consumidor na Era Digital. Resumidamente, a relação débito-crédito expressa o financiamento do custo de vida individual ou familiar, identificado como débito financeiro, que, mesmo para aqueles vinculados à relação salarial, predomina a dependência do rendimento (crédito) pontualmente obtido da contrapartida do exercício de trabalhos gerais diversos.

A pesquisa amostral de representatividade nacional realizada no ano de 2023 com dois mil entrevistados acima de 16 anos apontou, por exemplo, que quase um terço dos brasileiros precisa fazer alguma atividade extra para complementação da renda (Cidades Sustentáveis/Ipec, 2023). A difusão de ocupações de caráter geral com o objetivo de complementação de renda compreende os bicos de serviços de cuidados, produção domiciliar de alimentos para venda, venda de roupas, trabalhos de ambulantes, entre outros de subsistência na economia popular.

Também se tornaram realidade, pela intermediação das plataformas digitais, serviços profissionais mais sofisticados, como o de psicólogos, *coach*, telemedicina, cursos remotos e outros. Pela internet, múltiplas formas de captura de renda se difundem, passando por atividades especializadas (vendedor, entregador, *youtuber*, *influencer* e outros) até as mais simplificadas (microtarefas variadas) que desreguladamente se encontram disponibilizadas pela Era Digital.

Dispersa geograficamente, a sociedade na Era Digital tem sido externalizada através da disponibilização da contratação de multidões de trabalhadores disponíveis (*crowdwork*), sem que horário e lugar sejam determinados previamente. Como consequência, cresce também a realização do trabalho feito em casa – de 1 até 5 vezes por semana (teletrabalho). Sem regulação, a intensificação do trabalho tem sido brutal, pois é lastreada em aplicativos decorrentes do curso da revolução informacional, que aproximam o exercício do labor, muitas vezes, às ocupações já existentes, porém identificadas por novas ferramentas próprias da digitalização.

Nessa mudança de época, as instituições de representação de interesses de classes e frações de classes sociais pouco conseguiram se aclimatar. A prevalência da forma hierárquica e rígida de atuação e organização, própria da antiga sociedade industrial, coincide com o esvaziamento da tradicional base social e dos filiados, impactando negativamente na capacidade de ação política sistemática, bem como na credibilidade e soberania tecnológica.

Desde os anos 1990, três frases do ex-presidente Fernando Henrique Cardoso (governo 1995-2002) enunciaram as vias pelas quais as transformações na sociedade se deram. De um lado, em 1994, junto da campanha presidencial, as declarações sobre o Brasil não ser mais um país subdesenvolvido, porém injusto, buscaram apontar o rompimento com o projeto de modernização fortalecido pela Revolução de 1930, de superação do subdesenvolvimento imposto pelo antigo agrarismo. Agora, e cada vez mais, o agro seria pop, restando pouco a fazer nos governos desde então.

Tanto assim que, no ano de 2005, em entrevista concedida, o ex-presidente Fernando Henrique Cardoso afirmou que a disputa entre tucanos e petistas era intensa por saber quem comandaria a "massa atrasada" do país. Ou seja, a separação partidária do PT em relação ao PSDB não resultaria de nenhuma diferença ideológica ou programática, pois se daria quase que exclusivamente pela pura e simples disputa pelo poder.

Contudo, anos antes, em 1997, o referido ex-presidente voltaria a lançar luzes sobre a nova categoria social da "massa atrasada", definida por inempregáveis, e que decorreria do processo global do desenvolvimento capitalista, gerador de um conjunto de pessoas dispensáveis do processo produtivo. Defenestradas pelas inovações tecnológicas, a "massa atrasada", e sem destino e sobrante, por estar sem lugar na economia capitalista passaria a depender crescentemente das políticas de gestão social da pobreza.

Com isso, há o papel central das políticas sociais, assistenciais e redistributivas de renda aos segmentos mais vulneráveis. Para a sua ampliação, há o desvio necessário das políticas sociais universais para a via do custo baixo e focalização, paralelamente ao desmonte do sistema industrial, cada vez mais sem dinamismo, integração e complexidade.

Em 2021, por exemplo, mais de 80 milhões de brasileiros, o equivalente a cerca de 40% da população, eram beneficiados por programas governamentais de transferência de renda. Em 1985, o número era de um pouco mais de 10 milhões de brasileiros (8% da população).

Com isso, a queda na taxa de pobreza aconteceu como sendo própria da presença de programas de transferência de renda, mas não pela geração de empregos assalariados com maiores remunerações e proteção social e trabalhista. Tanto assim que a faixa de renda *per capita* de até um quarto do salário mínimo mensal, que registrou como rendimento de fontes não vinculadas ao trabalho, saltou de 15%, em 2002, para cerca de 40% em 2021.

Em compensação, o rendimento do trabalho que compunha 72% do valor total da renda familiar, de segmentos de até um quarto de renda *per capita*, declinou para 55% no mesmo período de tempo. No caso do total da população, a renda do trabalho prosseguiu respondendo 77% do total das rendas das famílias.

Consequentemente, o gasto com assistência social no âmbito do governo federal saiu de menos de 0,5% do PIB, em 2001, para quase 1,6%, em 2021. Ou seja, a escassez de empregos de qualidade foi acompanhada pela significativa ampliação dos programas de transferência de renda, o que permitiu inegável alívio da pobreza pela ampliação do poder de compra, aumentando as funções de consumidor, ainda que sem identidade e pertencimento à estrutura de classes.

Sem a adesão às reformas neoliberais, a transformação da sociedade não teria sido atingida pelas multidões de inempregáveis *à la* FHC. Esse contingente social crescente no interior da ruína da sociedade industrial brasileira, submetida à gestão social da pobreza, também passou a ser objeto das políticas de punição dos rebeldes pobres.

Destaca-se, nesse sentido, o fortalecimento da política de encarceramento e de maior violência policial desde os anos 1990. O número de presos no Brasil, por exemplo, aumentou cerca de 900% desde então, com a quantidade de presos tendo saltado de 90 mil, em 1990, para mais de 800 mil no ano de 2019.

Do mesmo modo, a violência policial tem se efetivado para além do fenômeno estrutural sócio-histórico brasileiro, com intenso ataque à população negra. O auge na taxa de homicídios ocorreu, por exemplo, em 2017, com 65.602 pessoas assassinadas no país, com a taxa de 27,8 mortes violentas por 100 mil habitantes.

A realidade socioeconômica declinante internamente, com graves consequências para grande parte da sociedade, transcorreu concomitantemente à modificação da posição relativa do Brasil no comércio externo: de outrora produtor de bens de elevado valor agregado de manufatura, para cada vez mais uma nação especializada na exportação de bens primários. Com isso, os empregos, anteriormente de natureza fordista, padeceram diante da terciarização, flexibilização e precarização laboral, cuja qualidade e produtividade simplesmente permanecem estagnadas ao longo do tempo.

Assim, a especialização produtiva, própria do receituário neoliberal, produziu ocupações de baixa qualidade aos inempregáveis, com o movimento de precarização estrutural do mundo do trabalho em plena massificação dos serviços. Com o dinamismo econômico assentado nos estímulos externos, a estrutura do conjunto da economia se mostraria obsoleta e exposta à posição secundária diante das novas possibilidades abertas pela Era Digital.

Para o desafio de analisar o Brasil no primeiro quarto do século XXI, a hipótese central defendida no presente livro se assenta na interpretação do declínio da sociedade como até então se conhecia. Para tanto, logo no primeiro capítulo, parte-se do curso da hierarquia mundial, que se encontra em profunda transformação em decorrência do deslocamento do centro dinâmico do Ocidente para o Oriente.

No segundo capítulo, a emergência da nova Era Digital é considerada a partir da perspectiva da desigualdade e iletramento que se impõe às sociedades. Na sequência, discorre-se sobre as repercussões que resultam do desenrolar da questão da relação capital-trabalho sob a Era Digital.

Diante disso, o quarto capítulo avança sobre o aprofundamento da nova natureza do subdesenvolvimento e da dependência externa, a contaminarem as regiões periféricas do mundo em reconfiguração, processo oriundo das tensões no interior do Norte e Sul Globais. No caso brasileiro, o quinto capítulo considera as condições atuais do ciclo político da Nova República, de sustentação neoliberal, à luz do passado liberal que prevaleceu ainda durante a República Velha.

Por fim, mas não menos importante, a última parte desse livro se direciona para a análise do curso acelerado da transição demográfica. Busca abarcar o conjunto das suas implicações: do envelhecimento populacional à passagem para a sociedade de serviços, em plena ruína do passado urbano e industrial.

Capítulo 1
Hierarquia do mundo em transformação

Há uma vasta e convidativa produção intelectual sobre a regularidade com a qual a ordem das hierarquias globais tem se reproduzido ao longo dos séculos, no mundo. Neste primeiro quarto do século XXI, contudo, as parcas excepcionalidades que buscam analisar e explicar o interior das sociedades tornaram as interpretações atuais da regularidade da ordem hierárquica global frágil e disfuncional.

Como se sabe, o fim da Guerra Fria (1947-1991) não enfraqueceu a fundamentação da chamada "economia de guerra", que prossegue ainda mais essencial à equação biopolítica da governança, em um mundo cada vez mais em disputa. Já no final do século XX, houve, por exemplo, o aprofundamento dos sinais da policrise no interior do modo capitalista de produção e circulação consumista. São sinais acompanhados ainda pelo esgotamento irreversível dos recursos naturais e da perspectiva de continuidade do projeto de modernidade Ocidental.

A realidade do Antropoceno, o novo regime climático em curso, consolida a situação de não mais retorno ao ambiente anterior, perante um patamar mais elevado da temperatura média no planeta – o que expõe as debilidades do conceito usualmente adotado de "desenvolvimento sustentável". Da mesma forma, o avanço da digitalização da economia e da sociedade carrega consigo uma parcela importante de comportamentos que são próprios das estruturas herdadas da antiga Era Industrial.

O descompasso planetário que decorre do salto tecnológico avança não de forma aleatória, mas sim mediado pelo deslocamento do centro dinâmico do mundo do Ocidente para o Oriente. É nesse sentido que o curso da guerra estratégica termina se consolidando na redefinição de novas coalizões geopolíticas do poder mundial.

Destaca-se que, no contexto atual das excepcionalidades, os sinais de ruptura com a ordem das hierarquias impostas pelo Norte Global do Ocidente colocam à prova o protagonismo da guerra. Pelo poder político da hegemonia, construtor da regularidade no ordenamento hierárquico mundial, o consentimento dos dominados se mantém fundamental.

Quando o convencimento pela obediência dos dominados ameaça se desfazer, a força da guerra se impõe como dimensão primeira do poder político. Em geral, isso decorre das mudanças na crença de que as possibilidades de integração das expectativas dos dominados, assim como no acesso a alguma benesse da ordem das hierarquias, ainda que parcial, não são mais possíveis.

O ciclo sistêmico da acumulação de capital liderado pelos Estados Unidos, desde o início do século passado, apresenta cada vez mais indicações do seu esgotamento. A partir da década de 1970, por exemplo, assistiu-se ao declínio do expansionismo produtivo fordista. Mesmo que esse momento também esteja associado à expansão financeira do ciclo sistêmico da acumulação de capital, a qual é apoiada na globalização – liderada pela globalização neoliberal e pautada pelos Estados Unidos –, limites crescentes foram expostos, notadamente, com a crise global de 2008.

Atualmente, o processo de acumulação capitalista se caracteriza pela espoliação. Para tal, requisita o uso da força e da violência, e não o faz apenas nos espaços geográficos periféricos do mundo.

Protagonizada pelas corporações transnacionais, na forma de cadeias globais de valor, a abertura e exploração de novas fronteiras territoriais e simbólicas do capital seguiram a imposição do receituário neoliberal, defendido pelo Consenso de Washington desde 1989.

A perda da capacidade de erigir o desenvolvimento endógeno nas economias nacionais permite que se identifique dois grupos distintos de países: alguns poucos em condições de produzir e exportar bens e serviços digitais, e uma vasta maioria atuando como consumidores, importadores das mercadorias de maior valor agregado, de conteúdo tecnológico, caracterizado por produzir empregos decentes.

O consenso das *commodities* soldou o conjunto dos interesses fragmentados pela desindustrialização e pela especialização da estrutura produtiva. Para os países exportadores, a reprimarização do comércio exterior permitiu gerar divisas necessárias ao financiamento do consumo e à importação de bens e serviços digitais – consolidando, assim, o retrocesso advindo do modelo primário exportador de traços neocoloniais. A consequência política disso manifesta-se na vigente aliança dominante de oligarquias extrativas da renda de terra (mineração, agropecuária, petróleo e outros) com a oligarquia do capital financeiro, orientado pelo rentismo.

Nesse sentido, o presente estudo insiste na importância do tema e, se possível, pretende oferecer aos interessados subsídios heurísticos, capazes de ajudar a entender qual vem sendo o papel da guerra na arquitetura da ordem que consagra hierarquias no mundo. Inicialmente, procura-se tratar da guerra por um prisma distinto daquele que, costumeiramente, encontra-se em abordagens tradicionais.

Na sequência, busca-se explicitar, sinteticamente, o quanto o projeto de modernização ocidental se apoiou na revolução dos negócios militares. A partir dessas perspectivas, trata-se de identificar e fundamentar a ordem das hierarquias no mundo e a sua sucessão, originalmente a partir do século XVI, com o sistema colonial europeu e, em seguida, com a montagem capitalista do imperialismo, desde o século XIX.

Na parte final, são apresentados elementos da atualidade concernente aos sinais de reversão do projeto de modernização ocidental, especialmente em alguns dos seus efeitos organizativos na ordem das hierarquias no mundo. O caso brasileiro serve de referência para uma breve reflexão acerca da reconfiguração da condição periférica, diante do atual deslocamento do centro dinâmico do mundo do Ocidente para o Oriente.

1.1 Modernidade Ocidental e ordenamento hierárquico do mundo

Após mais de cinco séculos de predomínio do projeto de modernidade ocidental, o processo de ordenamento hierárquico do mundo passou a sofrer distintas configurações do centro dinâmico e da sua periferia. A origem dessa configuração, que se consagrou pelo capitalismo, a partir do século XVIII, se encontra no passado do sistema colonial europeu, apoiado na vigência do mercantilismo agrarista.

Ancorado na supremacia do poder das armas de fogo, o colonialismo ocidental se caracterizou pela extração de riquezas. Por mais de três séculos, o processo de acumulação primitiva se apresentou essencial à promoção do sistema produtor de mercadorias na Europa, alavancado na difusão do trabalho abstrato.

Nesse sentido, a essência do modelo econômico extrativista mineral e vegetal, implementado nas colônias do continente da

América, também contemplou o sistema *plantation* de produção de monoculturas para exportação, baseado nos latifúndios e no trabalho escravo. Nos primeiros passos do projeto de modernidade ocidental, a montagem do sistema colonial europeu precisou partir de uma revolução no campo dos assuntos militares – possibilitada desde o século XIV, com a invenção e o uso sistemático das armas de fogo.

A economia de guerra praticada pelos impérios conquistadores europeus levou ao extermínio de diversas populações indígenas que habitavam o continente americano. Embora tenha havido muitas lutas, parte expressiva dessa população não conseguiu resistir o suficiente para escapar do genocídio praticado pelo maior poder bélico europeu. Não parece exagero, portanto, dizer que a extração colonial da riqueza, com o uso crescente do trabalho forçado, somente foi permitida pelo regime do uso da força e da violência – equivalente à arte da guerra moderna.

A extração mineral no Cerro Rico, de Potosí (Bolívia), iniciada em 1545, e no Vale do Ouro Preto (Brasil), em 1695, exigiu uma complexa e sofisticada organização produtiva, laboral e militar. A intensa aglomeração humana, presente na exploração da riqueza, exigiu investimentos consideráveis em termos logísticos e de transporte – alcançados somente através de arranjos políticos e administrativos eficientes. Destarte, foi possível comandar produtivamente cerca de 160 mil habitantes, no ano de 1600, em Potosí. A título de comparação, naquele mesmo ano, as cidades de Londres e Veneza, na Europa, possuíam cerca de 150 mil residentes, e Sevilha, a cidade mais habitada da Espanha, continha 130 mil pessoas.

Para além disso, o progresso na técnica, desenvolvida para a exploração mineral em série e em grande escala, antecipou em quase dois séculos o salto tecnológico da Revolução Industrial na Inglaterra. Assim, o crescente acúmulo da riqueza em prata e em ouro potencializou a produção, e o consumo de artigos de luxo se tornou a moeda de troca universal no comércio externo – seja entre países europeus, seja com a Ásia.

Contudo, a sustentabilidade de um padrão de vida amparado no progresso material apartado da natureza, tratada como recurso inesgotável pelo projeto de modernidade ocidental, e voltado a uma minoria privilegiada e poderosa, se apresentou irreproduzível socialmente ao longo do tempo. Do ponto de vista ambiental em particular, a estruturação, em grande escala, de forças destrutivas da natureza transpassou mais aceleradamente com a Independência das antigas colônias em direção à plena inserção no sistema capitalista mundial.

O problema de sustentabilidade social e ambiental, assentado no conceito de "riqueza", sobre a qual foi constituída a periferia no capitalismo, já estava inoculado pelos holocaustos coloniais (Davis, 2002; Diamond, 2005). Na verdade, a periferia, quando vista sob a perspectiva do ciclo sistêmico de acumulação, liderado pela Inglaterra, foi reforçada pela continuidade da sua condição de ofertante de recursos naturais e de corpos humanos. Corpos levados ao sacrifício extremo em troca da importação de bens e serviços industriais.

Por conta disso, a economia baseada no extrativismo mineral e vegetal de *plantation* patrocinou os regimes políticos de dominação interna, sob o uso generalizado de violência na extração e acumulação da riqueza pela exploração do trabalho. Desde o período colonial, com a transferência externa da riqueza, conforme a norma do exclusivismo metropolitano, a divisão essencialmente desigual dos territórios e dos trabalhos foi sendo conformada no mundo pelo ordenamento das hierarquias globais.

Originalmente constituída pelas diferenças entre o Velho e o Novo Mundo, a estrutura político-administrativa e burocrática era mantida pelo aparato bélico, responsável por gerir o grandioso sistema colonial europeu. Sob o controle do império da violência humana, a expropriação avançou a ponto de extermínio dos antigos herdeiros do passado pré-colonial (Aráoz, 2020; Dussel, 1994; Gudynas, 2012).

Pela constituição do moderno sistema capitalista mundial, ocorreu a reestruturação do antigo mercantilismo, produtor da acumulação primitiva originária do colonialismo. A partir da segunda metade do século XVIII, o processo europeu de acumulação de riqueza se estabeleceu sob hegemonia tecno-produtiva, militar e monetária inglesa – sendo o imperialismo a forma de expansão territorial potencializada pela produção de ferrovias e barcos a vapor, com o uso da energia do carvão.

A periferia reconfigurada pelo centro dinâmico inglês se conformou heterogênea e tencionada pela extração de grandiosa produção mineral e agropecuária. Em cinco séculos de combinação do sistema colonial com a consolidação do capitalismo dependente, os países periféricos se mantiveram conectados aos interesses dos centros dinâmicos dominantes (Fernandes, 1975; Mello, 1984).

No século XX, as regiões e países que se constituíram periféricos durante o ciclo sistêmico de acumulação, liderado pelos Estados Unidos especialmente após as duas grandes guerras mundiais, conviveram com importantes esforços governamentais para transitar do antigo e longevo agrarismo para a nova sociedade urbana e industrial. Mas, para isso, o ambiente hostil e concorrente, próprio dos dois polos da Guerra Fria (1947-1991), se mostrou oportuno para que a ideia de políticas desenvolvimentistas proliferasse em alguns países pertencentes ao bloco do denominado "Terceiro Mundo", como África do Sul, Argentina, Brasil, México e Coreia do Sul.

Desde os anos 1990, com o desmoronamento da União Soviética, a perspectiva do desenvolvimento agoniza diante da primazia da globalização, patrocinada por grandes corporações transnacionais, através das cadeias globais de valor. A adoção do receituário neoliberal, estimulado pelo Consenso de Washington em 1989, abriu caminho para a efetivação das reformas liberalizantes no comércio, na produção e no mercado financeiro.

A partir de então, os países pertencentes à periferia ocidental passaram a apresentar sinais crescentes de colapso daquilo que havia até então sido erigido como sociedade urbana e industrial. A regressão no interior do sistema produtivo complexo, diversificado e integrado inaugurou o neoextrativismo, com a retomada do modelo primário exportador.

Neste contexto, a crítica ao projeto de modernidade ocidental se fez mais sistemática em vários momentos e em diferentes localidades do mundo – embora tenha sido introduzida desde a Primeira Guerra Mundial (Marcuse, 2001; Adorno & Horkheimer, 1985). A percepção da modernidade como oriunda da catástrofe da guerra e do poder das armas de fogo se fortaleceu também perante os fortes sinais em curso do esgotamento ambiental, próprio da Era Industrial.

A promoção do questionamento às consequências da modernidade liberal burguesa ao longo do século XX se orienta pela intensificação das forças destrutivas capitalistas: a modernidade que prometia o progresso material contínuo e linear havia terminado por apagar da história os sujeitos que conviviam com a natureza e que não se adequavam aos padrões exigidos pela normalidade capitalista (Foucault, 2010; Benjamin, 2008).

A consumação da modernidade catastrófica pela finitude da materialidade dos recursos naturais, exigidos pelo progresso, terminou por reforçar o componente do complexo industrial militar, sobretudo no Norte Global enquanto requisito fundante do domínio do processo de acumulação de capital. Nas periferias destruídas dos países pertencentes à América do Sul, África e Oriente Médio, a perda de vínculo com a economia central se fez diante da inviabilidade do projeto de modernidade ocidental na Era Industrial. Coube, portanto, às elites dominantes reconfigurar seus países em torno do neoextrativismo – o que ocorreu por meio de conflitos e de guerras civis, permeados pelo nacionalismo e pelo fundamentalismo religioso.

1.2 Economia política da guerra inclusa no projeto de modernidade ocidental

A temática da guerra costuma compor as análises situadas no campo da ciência política e militar. Desde a perspectiva oriental, assentada na tradição chinesa descrita no livro *A Arte da Guerra* (2015), de Sun Tzu (544–496 a.C.), até a ocidental, ancorada na visão iluminista presente no livro *Da Guerra* (2010) de Carl Von Clausewitz (1780-1831 d.C.), a interpretação predominante da guerra versa enquanto continuação da política através de outros meios.

A despeito de um entendimento quase consensual da guerra como inegável expressão política, procura-se, a seguir, avançar na compreensão temática da guerra associada à esfera da economia política. Para isso, parte-se das referências teóricas de Clifford Rogers (1995) e de Robert Kurz (1998), que compreendem a revolução nos assuntos militares, a partir do século XIV, como um dos principais fundamentos constitutivos do projeto de modernidade ocidental – estruturado inicialmente pelo colonialismo e, posteriormente, pelo imperialismo.

Com a invenção das armas de fogo e com o seu uso crescente no âmbito militar, o conceito de "guerra" se alterou profundamente (Clastres, 1979); deixou de ser compreendida por sua positividade, medida pelas virtudes militares e nas artes dos guerreiros, como era no passado medieval, para se transformar em fonte original do capitalismo semeador da modernidade da economia de guerra (Toynbee, 1963; Sombart, 1943).

A liberdade inicial da produção e difusão das armas de fogo, conforme até então ocorria no interior da economia doméstica (civil), acelerou a via da guerra de todos contra todos, enquanto estágio natural do modo de ser humano, despertando no século XVII a contestação do Iluminismo europeu (Hobbes, 2014). A imposição de controles à fabricação e monopólio no uso das armas de fogo constituiu a separação entre a economia doméstica tradicional e a nova economia militar, fundada na produção de armamentos e demais preparativos para a guerra sem fim.

Isso terminou sendo percebido na construção dos Estados soberanos no marco histórico do Tratado de Westfália, em 1648, quando a supremacia religiosa romana perdeu sentido prático, passando a ser substituída pelo poder das armas. Dessa forma, a dominação política dos povos e econômica dos territórios alçou concretude mais elevada no processo de expansionismo europeu, iniciado com a queda de Constantinopla, em 1453.

Naquela oportunidade, as antigas Rotas da Seda foram fortemente afetadas. A asfixia do tráfego comercial pelo Mediterrâneo comprometeu a continuidade do riquíssimo conjunto de trocas comerciais, próprias da Era Agrária, entre os avançados Impérios Hindu e Chinês e a atrasada Europa. O salto tecnológico nas ciências de navegação, proporcionado pela integração do capital comercial, proveniente de algumas cidades-estado, com impérios europeus, objetivou retomar a Rota da Seda em direção ao Ocidente.

Para isso, destaca-se a audácia e o êxito das explorações marítimas pelo Oceano Atlântico, que permitiram, entre outras coisas, inaugurar o ciclo das grandes navegações europeias. Além disso, a retomada comercial com o Oriente, através das rotas marítimas pelo Ocidente, terminou sendo acompanhada pelo inédito contato com o mundo novo, batizado posteriormente de América – o continente povoado pelos povos ameríndios.

A conquista e exploração econômica do Novo Mundo se mostrou logo eficiente, tanto pelo extrativismo mineral e vegetal como pela agropecuária de *plantation*. Tudo isso apoiado na escravidão moderna, imposta pelo uso do poder da guerra, cuja sofisticação das armas de fogo permitiu aos europeus dominar e ocultar as civilizações originárias na América e em outras regiões do mundo.

Nesse sentido, a consagração do Sistema Colonial Europeu e, na sequência, o desenvolvimento capitalista expressaram o sucesso da revolução nos assuntos militares, realizada anteriormente. Por três séculos contínuos da ação colonial, os impérios do Norte Global avançaram na formação de amplas forças armadas apoiadas na produção armamentista, o que foi tornando cada vez mais frágil e ultrapassada a estrutura produtiva da Era Agrária na sustentação da concorrência da guerra por armas de fogo.

O reposicionamento do Estado com a imposição do monopólio da moeda e da arrecadação tributária, bem como o endividamento público, favoreceu a integração do complexo militar à produção doméstica, inaugurando a economia e sociedade da nova Era Industrial. Como fonte originária do capitalismo no interior do projeto de modernidade ocidental, a economia de guerra fomentou as bases da ordem hierárquica no mundo, antes ainda do surgimento da Revolução Industrial.

Para a narrativa iluminista, o processo civilizatório teria se firmado como superação da cultura e prática da violência generalizada, proveniente da Idade Média (Elias, 1990). Isso porque a constituição do sistema capitalista teria sido compreendida, originalmente, como expressão dos avanços decorrentes da pacífica revolução das forças de mercado e do salto tecnológico, protagonizados pela competência burguesa (Weber, 1991).

Ao contrário disso, contudo, a via da modernização, constitutiva do sistema produtor de mercadoria, não decorre do avanço das forças produtivas. Na verdade, a consolidação das bases do progresso material, própria da sociedade da mercadoria, teria dependido justamente da estruturação das forças destrutivas da natureza e da humanidade, objetivada pela nova economia política da guerra (Kurz, 1998; Hobsbawm, 2012).

Em função disso, o ordenamento das hierarquias no mundo passaria a se constituir a partir da transição da Era Agrária para a Industrial. De imediato, o estabelecimento da Divisão Internacional do Trabalho redefiniu o desenho geográfico do planeta, concretizado por assimetrias mediadas pelo arbitramento do capital ao custo de uso da mão de obra, patrocinado pela difusão do projeto de modernidade ocidental.

O poder de produção e uso das armas fez da guerra o elemento fundante do próprio exercício do domínio, isto é, domínio do centro mundial pelo sistema estatal soberano no interior do sistema capitalista. É nesse sentido que a emergência da Era Industrial não resultaria da simples passagem evolutiva proporcionada pela primeira Revolução Industrial e Tecnológica, ocorrida na Inglaterra na segunda metade do século XVIII.

Em resumo, a ação externa, decorrente das exigências crescentes da economia de guerra, terminou por sufocar gradualmente a antiga – e cada vez mais ineficiente – estrutura organizacional e produtiva, pertencente à longeva Era Agrária. Isso porque o avanço da maquinaria militar, exigida na escala da produção em série e acelerada, terminou por se constituir na matriz do processo inicial da mecanização manufatureira, que fundamentou a Era Industrial.

Ainda antes da Primeira Revolução Industrial e Tecnológica inglesa, a presença de canhões e de armamento generalizado na composição dos exércitos exigiu todo um processo produtivo superior ao até então vigente. A demanda crescente por minerais e outras matérias-primas, notadamente constitutivas da economia de guerra, era acompanhada da exigência de financiamentos gerados pela acumulação primitiva de riqueza. Parte significativa desse capital provinha justamente da exploração colonial, da cobrança de impostos e pelo inédito mecanismo do endividamento estatal, consolidado durante a experiência do Banco da Inglaterra, inaugurado no ano de 1694.

A insuficiência do agrarismo em sustentar a corrida armamentista e o financiamento das crescentes demandas constitutivas do Estado nacional levaram ao salto da industrialização, liderado pela fração do capital industrial. Com o novo sistema produtor de mercadorias, o mando estatal foi sendo ampliado pelo poder da moeda, tributação e endividamento, o que permitiu financiar o engrandecimento das forças armadas regulares para a efetivação da economia de guerra.

Na busca pelo monopólio das armas pelo Estado, impulsiona-se a corrida armamentista, que chega ao ápice ao final da Segunda Guerra Mundial (1939-1945), com a invenção das bombas termonucleares ou de hidrogênio, cuja capacidade de aniquilar o planeta supera em múltiplas vezes o necessário. Tudo isso foi gerado pela capacidade de a guerra fundamentar o projeto de modernidade ocidental, assentado na economia da guerra, que marca o progresso na Era Industrial.

Tanto assim que a estruturação do complexo econômico industrial militar consubstanciou as bases da industrialização, plenamente integrada ao sistema produtivo das nações. Desde então, a dinâmica econômica capitalista se apoia na moderna produção científica e tecnológica, bem como no complexo militar que assumiu centralidade na condução dos Estados nacionais, sobretudo após as duas grandes guerras mundiais no século XX (Wright Mills, 1981).

Pode-se compreender a gênese do capitalismo, vinculado à invenção e uso das armas de fogo, como fundamento da guerra moderna, ainda que em concomitância com saltos tecnológicos e poder da moeda de reconhecimento mundial. Assim, a emergência do capitalismo industrial, enquanto sucessor do Sistema Colonial Europeu, permitiu consolidar o projeto mundial de modernidade ocidental.

A ordem das hierarquias no mundo se impôs, portanto, pela estável relação da existência de um centro geográfico dinâmico, consagrado pela tríplice combinação dos poderes: militar, tecnológico e monetário. Assim, a partir da existência de um centro dinâmico que determina as conexões com os territórios periféricos no mundo, ciclos sistêmicos distintos de acumulação de capital conformaram o ordenamento hierárquico entre as nações.

Para cada ciclo sistêmico de acumulação, prevaleceu o conjunto de duas fases diferentes de expansão econômica (Arrighi, 1996; Braudel, 1979; Wallerstein, 1974). Inicialmente, observa-se a fase produtiva, associada ao salto tecnológico de inovação de produtos ou processos que, com o tempo, encontraria o seu próprio esgotamento.

Na sequência, há a emergência da fase de expansão financeira, acompanhada pela sofisticação tecnológica, permitindo o alongamento temporal do ciclo inicial de acumulação de capital. Todavia, a insustentabilidade dessa fase terminaria por enunciar o seu próprio fim, diante do aparecimento de um novo centro dinâmico mundial, a liderar outro ciclo sistêmico de acumulação.

Assim, para cada momento histórico, determinado nos últimos cinco séculos de prevalência do projeto de modernidade ocidental, houve a concretização de ciclos sistêmicos da acumulação de capital. Para isso, contudo, há a existência do Estado nacional a liderar e conduzir, com ônus e bônus, o ordenamento hierárquico do mundo, definido pelas relações entre o centro geográfico econômico dinâmico e o conjunto da periferia.

1.3 Reversão da modernização ocidental e o caso brasileiro

A crise instalada pelo neoliberalismo, e que se encontra em marcha com o esgotamento da fase de expansão financeira do ciclo sistêmico de acumulação de capital – ciclo liderado pelos Estados Unidos –, acirrou a competição pela captura da riqueza, cujo endividamento dos Estados vem acompanhado pela efervescência de guerras e da devastação ambiental e climática. Tudo isso vem acontecendo após o fim da Guerra Fria (1947-1991), quando se ergueram as promessas de um novo ciclo econômico de bonanças, conforme observado nos trinta anos gloriosos do segundo pós-guerra mundial, no século passado.

Acontece que o avanço da segunda onda de globalização, iniciada nos anos 1990, se mostrou distinta da primeira. Entre as décadas de 1870 e 1910, havia prevalecido o domínio britânico, mediado pela dominância do capital financeiro, por sua vez resultante da confluência do capital industrial com o bancário. Desde a virada para o século XXI, no entanto, o poder crescente das grandes corporações transnacionais permitiu arbitrar o custo de produção no mundo, sobretudo o do trabalho, mediante a realização de um conjunto de reformas, notadamente patrocinadas pelo receituário neoliberal.

Desde o Consenso de Washington, em 1989, o sistema de barreiras protetivas nacionais, herdado do período do segundo pós-guerra mundial, foi sendo derrubado. Pela crescente liberalização da mobilidade do capital e, também, pelo movimento migratório, a capacidade de resistência sindical e de atuação dos partidos progressistas se contraiu, fazendo avançar a Divisão Internacional do Trabalho, cada vez mais assimétrica.

No caso brasileiro, a via da especialização da produção e exportação de *commodities*, perseguida desde o ingresso passivo e subordinado na globalização, em 1990, viabilizou-se pela super-exploração da força de trabalho, do desmonte da competência de planejamento do Estado, e da devastação ambiental. Através de megaprojetos de extração mineral e vegetal, bem como da produção agropecuária, a renda da terra, não apenas dos países periféricos, ganhou centralidade pela submissão da política aos interesses econômicos dominantes e, na maior parte das vezes, desconectados do bem-estar do conjunto da população.

Diante do colapso da sociedade industrial no Brasil durante as últimas três décadas, o consenso das *commodities* passou a tomar conta das elites dirigentes no país. Por "consenso das *commodities*", compreende-se o período econômico, social e político aberto desde o ingresso subordinado à globalização, que rebaixou a condição periférica do Brasil na Divisão Internacional do Trabalho.

Para que fosse possível a formação de maioria política interna, o realinhamento passivo junto ao movimento do deslocamento do centro dinâmico do Ocidente para o Oriente se mostrou fundamental. Com isso, o esvaziamento da industrialização nacional deu lugar ao inchamento do setor terciário, simultaneamente ao fortalecimento do modelo primário-exportador, que se tornou o elo principal da conexão periférica com o novo centro dinâmico global.

Pelo consenso das *commodities*, o "andar de cima" da sociedade se preservou diante do sentido geral da decadência nacional, a dominar a maior parte dos brasileiros. Enquanto o rentismo valoriza o estoque da riqueza velha pela financeirização, o modelo primário-exportador potencializa a geração de riqueza nova – associada ao rebaixamento do custo do trabalho, e ao extrativismo sem limites do abuso dos recursos naturais minerais e vegetais.

Assim, a integração do Brasil nas cadeias globais de valor se especializou em mercadorias de diminuto valor agregado. Isso favoreceu as corporações transnacionais que contaram, inclusive, com medidas governamentais redutoras dos direitos laborais, conforme confirmam as reformas trabalhista de Michel Temer e previdenciária de Jair Bolsonaro. Para a classe trabalhadora, a desvalorização e sofrimento resultaram da perda do horizonte do emprego assalariado formal, mediante a prevalência das ocupações gerais, incapazes de gerar identidade e pertencimento coletivo, bem como a perspectiva de mobilidade social ascendente.

No âmbito espacial, uma espécie de retomada da fragmentação gerada por economias de enclaves se estabeleceu entre o interior, com algum dinamismo econômico gerado por sua conexão e dependência externa. Nas áreas litorâneas, assiste-se à submissão ao desmonte das cadeias produtivas endógenas. Por conta disso, há a remontagem de novas forças sociais a dominar o cenário da política local, regional e nacional, consolidando, nas próprias elites dirigentes, a lógica da transferência de componentes da natureza, produção e extração de matérias-primas ao exterior.

Visto como uma via rápida para o crescimento econômico, o consenso das *commodities* se fortaleceu pelos resultados concretos obtidos na lucratividade financeira, gerada nos negócios com o comércio externo, sejam exportadores, sejam importadores. De todo modo, emerge uma economia nacional cada vez mais transformada em reflexiva ao que é de fora, submetida à volatilidade da demanda, preços e nível das ocupações.

Em boa parte do tempo, a trajetória ascendente dos preços formados nos mercados internacionais de matérias-primas e bens de consumo consagrou o processo de reprimarização econômica. Mediante o aprofundamento do processo de trocas externas desiguais, a soberania alimentar acentuou-se concomitantemente à dependência da importação de bens e serviços de maior valor agregado e conteúdo tecnológico.

Isso porque o complexo extrativista se ampliou, contemplando um conjunto de atividades que atende da mineração e combustível fóssil ao conjunto do agronegócio. A grande escala dos empreendimentos envolvidos redefiniu a dimensão dos investimentos à forma com que o país se encontra posicionado nas cadeias globais de valor.

Em síntese, o consenso das *commodities* reconstituiu internamente tanto a ordem econômica como o sistema político de dominação. A gravidade disso para a sociedade brasileira, especialmente para o "andar de baixo" da sociedade, assenta-se na desestruturação do mundo do trabalho, na insegurança alimentar, e na enorme parcela da população sobrante aos requisitos da raquítica acumulação de capital.

Não menos importante, as questões que resultam da emergência climática a afetar contingentes crescentes da população. Secas, inundações, enchentes e pandemias sem precedentes parecem resultar da materialização do novo regime climático do Antropoceno.

Como não poderia deixar de ser, a inflexão primário-exportadora do Brasil tem sido acompanhada pela expansão de conflitos, especialmente socioambientais. As lutas pela terra mobilizam populações originárias e segmentos da agropecuária familiar, assim como nas cidades as ações contrárias à superexploração do trabalho.

Em grande medida, a maioria da política protagonizada pelos interesses das classes sociais proprietárias se fixou na extração da renda tanto pelo capital financeiro como pelo uso da terra (mineração, agropecuária, petróleo e outros). Para David Ricardo (*Princípios de economia política e de tributação*, 1817), o sentido econômico do rentismo decorria da existência de segmentos sociais que, ao deterem posses obtidas de formas variadas e até pela violência, viveriam de renda sem produzir benefícios socioeconômicos.

No Brasil, a trajetória do rentismo foi concebida por Manoel Bomfim como sendo expressão do parasitismo social, próprio da modalidade de integração dos interesses econômicos nativos com os de parcela social pertencente à Europa e aos Estados Unidos (Bomfim, 1903). É nesse sentido que se pode compreender a formação do segmento primário exportador desde a colonização, cuja presença do exclusivismo comercial lusitano prevaleceu entre os séculos XVI e XVIII.

Em 1808, com a abertura dos portos patrocinada como dádiva de D. João VI ao protetorado britânico, o comércio externo passou a se deslocar rapidamente de Portugal para a Inglaterra. Entre as décadas de 1820 e 1880, por exemplo, metade das importações brasileiras dependiam da Inglaterra, enquanto um terço do total das exportações do Brasil eram adquiridas pelos britânicos.

Com a Primeira Guerra Mundial (1914-1918), o domínio inglês foi perdendo força no exterior, permitindo que as relações comerciais brasileiras com os Estados Unidos passassem a se intensificar. Tanto assim que, a partir da década de 1920, os EUA se tornam o principal parceiro do comércio externo brasileiro. Essa reorientação, com a nova difusão interna do estilo de consumo estadunidense, modificou a conduta nacional, que até então estava com muito mais proximidade da Europa.

Entre os anos 1920 e 1970, por exemplo, os Estados Unidos absorveram quase a metade das exportações brasileiras, sendo praticamente a mesma proporção de importados brasileiros provenientes desse país. Com o dólar enfraquecido pelo abandono de sua conversibilidade ao ouro em 1971, e diante das recorrentes medidas de ajuste econômico para tentar manter a hegemonia estadunidense a partir de então, a economia brasileira terminou sendo profunda e negativamente afetada desde o início da década de 1980, com a crise da dívida externa.

O resultado disso foi o gradual esvaziamento da presença dos EUA no comércio externo brasileiro. Se em 1960, por exemplo, quase 45% de tudo o que o Brasil exportava se destinava aos Estados Unidos, em 2020 a taxa não alcançou 11% das vendas externas brasileiras.

Paralelamente, o comércio externo brasileiro foi se diversificando entre várias nações, deslocando-se dos países do Norte Global para os do Sul Global. Foi com a China que o Brasil avançou mais, chegando a ponto de que, na crise financeira global gerada pelos EUA entre 2007 e 2009, esse país passou a ser, então, o principal parceiro comercial do Brasil.

Desde então, e cada vez em maior proporção, o comércio externo transitou para o Oriente – centro do dinamismo econômico global. Em 2020, por exemplo, um terço do total das exportações brasileiras se direcionaram à China. Não somente o país exporta cada vez mais *commodities* para esta nação asiática, como as importações brasileiras de produtos de maior valor agregado e conteúdo tecnológico provêm da China.

Tendo em vista as concessões nacionais ao ingresso passivo e subordinado na globalização, com o avanço da superexploração do trabalho, do esvaziamento do Estado e da ampliação da degradação ambiental, a temática da feitoria veio à tona. Não se trata, evidentemente, das características de feitorias próprias do longevo passado colonial mercantil, quando prevaleceram os entrepostos comerciais instalados nas áreas litorâneas pelos portugueses, a recepcionar a produção escravista proveniente das grandes fazendas organizadas por logística, armazéns e alfândega, governada pelo feitor a reger o comércio externo.

A metáfora da feitoria moderna decorre agora da constatação de que a realidade brasileira se afasta do potencial econômico e social que poderia ocupar como nação soberana, portadora de sistema produtivo avançado, complexo e integrado. Em resumo, uma sociedade superior se encontra em marcha, imposta por suas classes proprietárias, especializadas na extração da renda financeira e do uso da terra no Brasil.

Tudo isso em curso acontece mediante o deslocamento do centro dinâmico do Ocidente para o Oriente, responsável pela reconfiguração da periferia no mundo. As mudanças na relação centro-periferia, própria do dinamismo ocidental, moldaram a antiga transição da Era Agrária para a Industrial.

Durante os últimos 200 anos, desde a fundação da nação brasileira, a implementação do modo de produção e distribuição capitalista se fez tardiamente no Brasil, cujas especificidades marcam a sua presença na trajetória periférica desde então. Após o nascimento da República, já próximo da virada para o século XX, o pensamento crítico se fez presente.

Pela perspectiva de Eduardo Prado (*A ilusão americana*), Manoel Bonfim (*A América Latina*) e Manuel de Oliveira Lima (*Pan-americanismo*), por exemplo, há a insatisfação dos críticos em relação à condição periférica e primário-exportadora imposta ao Brasil. Meio século depois, outro conjunto de contribuições do pensamento social crítico se apresentou como fundamental na redefinição sul-americana e caribenha. Induzido pelo "manifesto dos periféricos" de 1949, a Comissão Econômica para a América Latina e o Caribe (CEPAL) exerceu função importante na busca do reposicionamento da região na Divisão Internacional do Trabalho (Furtado, 1985; Prebisch, 1968).

A internalização de políticas produtivas de substituição das importações, desde a Grande Depressão de 1929, por conteúdo nacional permitiu aos países da região se afastarem, em maior ou menor medida, do longevo passado do agrarismo primário-exportador. Embora os avanços na constituição da nova sociedade urbana e industrial tenham sidos inquestionáveis, o pensamento crítico revelou o quanto o subdesenvolvimento não havia sido vencido.

A sofisticação da dependência sul-americana e caribenha se apresentou encarnada no próprio sentido do aprofundamento da modernidade ocidental. Para autores como Ruy Mauro Marini (*Teorías del imperialismo y la dependencia desde el Sur Global*) e Theotônio dos Santos (*Teoria da Dependência*), entre outros, a debilidade burguesa terminou por empurrá-la para a financeirização e para a volta do modelo exportador centrado na especialização produtiva e na reprimarização da pauta de vendas ao exterior.

Na atualidade deste primeiro quarto do século XXI, nota-se o quanto a região se encontra crescentemente conectada comercial e produtivamente à China. Para que não volte a se repetir a realidade do século XIX, quando os primeiros cem anos de independência significaram uma consolidação da condição periférica em relação à Inglaterra, enquanto mera exportadora de produtos primários, parece conter sentido pleno o esforço do redespertar sul-americano.

1.4 Para complementar: estagnação em um sistema arriscado

Decorridos dezesseis anos da crise financeira global de 2008, o termo "estagnação secular" passou a corresponder à realidade do estágio prolongado no tempo de baixo ou mesmo de nenhum dinamismo econômico. A desaceleração do crescimento produtivo, a ampliação da desigualdade, e o aumento da dívida pública parecem traduzir o cenário de anarquia mundial.

Há quase um século, o ambiente de catástrofe econômica, por longo período iniciado com a Grande Depressão de 1929, levou o estadunidense Alvin Hansen (1887-1975) a adotar a expressão "estagnação secular" pela primeira vez (*Progresso econômico e crescimento populacional em declínio*, 1939). Naquela oportunidade, a compreensão a respeito da existência de enorme desproporção entre a produção e o consumo deixou para trás o liberalismo dominante, abrindo caminho para que o Estado se concentrasse no equacionamento das crises de superprodução das economias capitalistas.

De certa forma, houve a materialização do que havia descrito Thomas Malthus (1766-1834) no seu livro de 1820: *Princípios de economia política e considerações sobre sua aplicação prática*. Para Malthus, a existência de recorrente demanda insolvente no interior da economia capitalista geraria a necessidade de solução a ser providenciada por um agente externo (Estado).

Os meios de pagamentos adicionais para o enxugamento da demanda insolvente viriam da dívida pública, não do aumento da arrecadação tributária. Nesse sentido, o endividamento estatal se transformaria no componente estrutural e funcional da reprodução capitalista, cujos gastos estatais, sustentados em parte pela expansão da dívida pública, elevariam o consumo e, por sua vez, o circuito de produção, emprego e investimento.

Neste primeiro quarto do século XXI, a condição de estagnação secular fez com que a dívida pública perdesse parte do sentido definido no passado, tornando-se elemento central de sustentação do lucro capitalista. A dívida que resulta do *deficit* nas contas públicas (arrecadação de impostos, taxas e contribuições inferiores aos gastos) representa cada vez mais o *superavit* de recursos que, à disposição de famílias e unidades econômicas, direciona-se à busca de lucros sustentados financeiramente.

A prevalência de taxas de juros reais elevadas, como no caso do Brasil das últimas três décadas, fundamenta a especulação nos mercados de ativos financeiros, comprometendo as bases do consumo e o circuito de produção, emprego e investimento. Para os proprietários de ativos financeiros, especialmente os 10% portadores de elevada concentração de riqueza, a onda favorável do rentismo os faz crescentemente mais ricos, enquanto a estagnação econômica prevalece.

Como ressaltou Wolfgang Streeck (*Tempo comprado – A crise adiada do capitalismo democrático*, 2013), a problemática atual do endividamento estatal é própria do receituário neoliberal, não das demandas democráticas por investimentos públicos em busca da justiça social. Isso porque a profusão de reformas tributárias, recomendadas e realizadas desde o Consenso de Washington (1989), voltou-se quase que exclusivamente para o atendimento dos interesses dos capitalistas por manutenção e expansão do lucro, que, diante da estagnação secular, somente se tornaram possíveis com o patrocínio da dívida pública.

No caso brasileiro, o neoliberalismo aliviou a tributação recorrente dos ricos, poderosos e privilegiados, comprometendo a disponibilidade do gasto público a ser financiada pela carga tributária. Antes de 1990, por exemplo, a tabela progressiva do Imposto de Renda chegou a ter uma alíquota de 60% aos maiores rendimentos.

Atualmente, a alíquota máxima chega a 27,5% – redução de 54,2% de tributação ao andar de cima da sociedade!

Da mesma forma, a distribuição de lucros e dividendos, que era tributada em 15% até 1994, passou a ser isenta até os dias de hoje. Como se sabe, lucros e dividendos se referem aos ganhos quase que exclusivos do andar de cima da sociedade brasileira.

Em 1996, dois anos depois, entrou em vigor a Lei Kandir, que isentou as exportações de produtos primários e semielaborados do pagamento do Imposto sobre Operações Relativas à Circulação de Mercadorias e Prestações de Serviços de Transporte Interestadual, Intermunicipal e de Comunicação (ICMS). Ou seja, o chamado agronegócio – um dos setores mais dinâmicos e constituído por grandes exportadores – passou a ser mais um segmento econômico dispensado de contribuir com a arrecadação tributária.

Se considerarmos as renúncias de impostos, taxas, contribuições, desonerações e subsídios implementadas pelo receituário neoliberal, percebe-se o quanto o sistema tributário brasileiro, que já era regressivo, se tornou ainda mais confuso e regressivo. O que os ricos, poderosos e privilegiados deixaram de pagar em tributos compreendeu uma parcela significativa do *deficit* de arrecadação para fazer frente ao conjunto das despesas públicas por justiça social.

Desde 1990, as reformas tributárias de corte neoliberal permitiram que os ricos deixassem de contribuir com a arrecadação fiscal o equivalente a 7% do PIB anual (2,2 PIBs atuais acumulados em mais de três décadas). Por consequência, o *deficit* entre arrecadação e gasto públicos fez com que o endividamento estatal possibilitasse a transferência contínua de parte do orçamento governamental, como o pagamento de juros aos rentistas.

Em mais de três décadas de estagnação secular no Brasil, uma parcela crescente dos lucros foi sendo garantida pelo circuito da acumulação financeira, não mais produtiva. Considerando que a cada ano, em média, cerca de 5% do PIB tenha sido transferido aos ricos credores da dívida estatal, chega-se ao equivalente a 1,6 vezes o PIB nacional acumulado desde 1990.

Nota-se, portanto, que o receituário neoliberal aplicado no Brasil tem aliviado a tributação dos ricos, fazendo com que os recursos faltantes no orçamento público sejam, em parte, contemplados pelo endividamento público. Isso porque o *deficit* na arrecadação tem sido acompanhado pela dívida pública, cujos juros reais maiores permitem a transferência de recursos orçamentários aos rentistas, que assim sustentam lucros extraordinários em plena estagnação secular.

O endividamento público resultante deste esquema de sustentação dos lucros, numa economia no estágio de estagnação secular como a do Brasil, engorda a riqueza dos credores privados, que aprisionam o Estado com taxas de juros das mais altas do mundo. Uma séria reforma tributária no país pressupõe reconhecer o estrago que o neoliberalismo impôs às finanças públicas, passo necessário e urgente para que a economia nacional possa sair da letargia em que se encontra.

Nesse sentido, a crise atual do neoliberalismo faz aumentar os riscos das guerras, acompanhadas da devastação ambiental e das mudanças climáticas no mundo. Uma nova reconfiguração da ordem mundial parece se encontrar no horizonte disputado pela barbárie, a qual decorre do esgotamento do processo civilizatório que emergiu do projeto de modernidade ocidental.

Capítulo 2

Desigualdades e iletramento na transição para a nova Era Digital

O primeiro quarto do século XXI consolida a passagem da antiga sociedade industrial para a nova Era Digital. Essa profunda transformação, todavia, se encontra em larga escala prisioneira do anacronismo das visões dominantes.

Em grande medida, as narrativas dominantes vão ao encontro do diagnóstico constituído desde a virada dos anos 1960 para os 1970, a respeito do colapso da hegemonia do projeto de modernidade ocidental. Após a sua prevalência nos últimos cinco séculos, o Ocidente apresentaria significativas contradições em meio à ascensão do Oriente.

Com as temáticas dominantes que enfatizam os limites dos Estados nacionais perante os movimentos da globalização, das mudanças climáticas e do determinismo tecnológico, o presente do futuro tenderia a ser descrito como inferior ao presente do passado. Na leitura da globalização conduzida pelas grandes corporações transnacionais, a monopolizar o sistema de produção e distribuição de riqueza, as políticas públicas, por exemplo, perderiam protagonismo.

Da mesma forma, o entendimento acerca do aparecimento de um novo regime climático do Antropoceno apontaria para a restrição do conjunto de possibilidades de o desenvolvimento continuar gerando bem-estar e mobilidades social às populações. Diante da prevalência da pauta dominada pelo determinismo tecnológico, o "fim do emprego" estaria consolidado, inclusive pela perda da centralidade do trabalho humano.

Por conta da prevalência de narrativas convergentes com a do colapso do projeto de modernidade ocidental, o horizonte de expectativas se apresentaria, na maioria das vezes, decrescente. Pelo escasso debate sobre perspectivas de longo prazo, a gestão das emergências no *curtoprazismo* se tornou fundamental para postergar o avanço do declínio ocidental.

Sem disputas possíveis e necessárias em torno do sentido das grandes transformações em marcha, o futuro se apresentaria cancelado. Paralelamente, o aparecimento de um novo centro dinâmico no mundo, decorrente do protagonismo chinês, emergiria projetando a reconfiguração da relação centro-periferia no capitalismo mundial.

O enfraquecimento da centralidade ocidental tem validado abordagens a respeito da nova condição periférica que atinge o Norte Global, estendendo-se para grande parte das cidades com problemas equivalentes aos do antigo Terceiro Mundo. Do fechamento dos horizontes históricos, o centro dinâmico se encurtaria enquanto a periferia se alargaria pelo mundo ocidental, permitindo que o termo "brasilianização" pudesse explicitar a compatibilidade entre duas perspectivas distintas.

De um lado, há o horizonte da gestão da "decadência", internalizado no próprio projeto de modernidade ocidental, cuja ação de governos e sociedade civil convergiria na possibilidade de postergar os riscos das iminentes catástrofes variadas. No livro de Wolfgang Streeck, *Tempo Comprado, a operacionalização de ações* sem estratégias de longo prazo aponta para a prevalência da opção pela administração de emergências, impostas pela diversidade de problemas, como a mudança climática, a escassez do emprego, a desigualdade crescente, a guerra e a especulação rentista.

É nesse contexto que o receituário neoliberal tem prevalecido. Enquanto a economia foi sendo deslocada da condição de meio para a de um fim em si mesma, a esfera política se comprimiu, secundarizada pela função do meio de convergência no interior dos Estados e da própria sociedade civil.

De outro lado, há a ascensão do horizonte político da formulação contrária à mera administração das emergências. Por não descartar a perspectiva do aceleramento do processo da "decadência" ocidental, apoia-se nos esforços de acelerar as possibilidades do próprio colapso.

Para tanto, persegue a destruição de políticas públicas na gestão social, ambiental, econômica e cultural, apostando que a desinstitucionalização sirva de programação antecipada da própria catástrofe. Imagina, assim, que das cinzas poderá renascer algo diferente e melhor do que aquilo que grupos sociais organizados oferecem na atualidade de seus privilégios resguardados e postergados no tempo.

No livro *A Grande Regressão*, organizado por Heinrich Geiselberger, o panorama dessa fase histórica, de expectativas decrescentes, registra apelo político significativo e crescente espectro político impulsionados pela extrema direita. Uma espécie de destruição criativa estimularia outra modalidade de enfrentamento aos sinais de esgotamento do projeto de modernidade ocidental.

Diante disso, as desigualdades se ampliam, assim como o iletramento, próprios do avanço da Era Digital. Em um mundo em que há uma gama cada vez maior de informações circulando, um mundo próprio de maior produção e mais consumo pessoal, as novas tecnologias passam a fazer parte de praticamente todas as instâncias da vida humana, sendo o bem-estar socioeconômico nem sempre presente em parcelas crescentes da população.

Na atualidade do desmensurável mundo novo da tecnologia de informação e comunicação, o domínio de todo o potencial da Era Digital, de forma efetivamente democrática, permite a criação de mudanças que possam elevar o padrão de vida, enfrentando as desigualdades e o iletramento.

Em função disso, as páginas a seguir buscam explorar – ainda que brevemente – outra perspectiva para o futuro do presente. Amparado no horizonte de longo prazo, o esgotamento do projeto de modernidade ocidental requer o rompimento do circuito fechado sobre o qual se encontra localizado.

2.1 Perspectivas distintas da desigualdade e iletramento no esgotamento do projeto de modernidade ocidental

O projeto de modernidade do Ocidente se constituiu como parte integrante do importantíssimo movimento pertencente ao ideário do Renascimento e do Iluminismo – um movimento forjado ao longo dos últimos seis séculos. Antes disso, a centralidade do mundo concedia destaque relacionado ao Oriente, especialmente ao protagonismo dos Impérios Mongol (Índias) e do Meio (China).

De acordo com os historiadores econômicos, a maior parte da riqueza do mundo estava na Ásia até o século XVII. A China e as Índias respondiam juntas por 35% da população mundial, quando ainda não havia um bilhão de habitantes no planeta, e produziam

55% da riqueza estimada para a época. A interrupção do comércio proveniente das antigas rotas da seda, em 1453, quando caiu Constantinopla (hoje Istambul), abriu outra perspectiva de centralidade ao mundo, a partir do dinamismo ocidental.

A partir do século XVI, por exemplo, o objetivo de retomar a Rota da Seda pelo Oceano Atlântico, e não mais pelo Mediterrâneo, instaurou um novo protagonismo gerado pelo ciclo das grandes navegações, o que terminou levando ao "descobrimento" de um continente desconhecido até então. A América serviu, por três séculos, à colonização, cuja marca foi a expropriação e o desmonte dos povos originários e, consequentemente, das suas organizações comunitárias de convivência com a natureza.

O desaparecimento das civilizações originárias diante do modo de dominação colonial permitiu que se construísse a base da acumulação primitiva. Esta, irrigada para a Europa, tornou-se fundamental para a consolidação do capitalismo industrial. Inicialmente na Inglaterra, com a primeira Revolução Industrial na metade do século XVIII, o sistema capitalista mundial se generalizou pela relação hierárquica do centro dinâmico (Inglaterra, primeiro, e depois os Estados Unidos) com a sua periferia.

Mais de dois séculos depois, emergiram sinais de esgotamento do projeto de modernidade ocidental. Com as crises no interior do capitalismo, o enfraquecimento relativo dos Estados Unidos passou a revelar as dificuldades de se manter o protagonismo inicial do projeto de modernidade.

O deslocamento percebido atualmente no centro dinâmico do mundo do Ocidente para o Oriente, sobretudo com o fortalecimento da China, emerge do enfraquecimento dos países do Norte do Ocidente. Diante das novas perspectivas, a sociedade civil, concebida enquanto construção própria do projeto de modernidade ocidental, se encontra diante de um circuito fechado, que necessita reconsiderar certas questões abertas.

Dentro da perspectiva do projeto de modernidade ocidental, movido pelo salto produzido pelo Renascimento e Iluminismo, a temática da desigualdade e do iletramento das populações recebeu importantes contribuições, especialmente a partir da contribuição de Jean-Jacques Rousseau (1712-1778). Com a publicação em 1755 do "Discurso sobre a origem e os fundamentos da desigualdade entre os homens", o processo gerador das desigualdades sociais e morais entre os seres humanos se assenta na noção da propriedade privada, intrínseca na busca da superação do outro em torno da concentração do poder e da riqueza.

Em virtude disso, a separação entre proprietários e não proprietários dos meios de produção definiria a existência de classes sociais, base do sistema de desigualdade. Mesmo assim, a sua prevalência ao longo do tempo decorreria, para Karl Marx (1818-1883) e Friedrich Engels (1820-1895), dos mecanismos de dominação que articulam a infraestrutura (meios de produção materiais) com a superestrutura (ideologia, sistema jurídico e de informação).

A desigualdade de natureza política se distinguiria das desigualdades naturais, circunscritas ao modo de vida no estado de liberdade. O espírito da civilização moderna, constitutiva da própria organização em sociedade inicialmente agrária, ameaçaria a liberdade diante das crescentes desigualdades sociais.

Pela propriedade privada, o modo de vida daqueles sem propriedade estaria desprovido da garantia do acesso ao alimento e estaria muito menos capaz de exercer a liberdade. A instituição da propriedade privada comprometeria, assim, a liberdade naturalmente existente até então.

Ademais, a gênese da desigualdade humana e o seu prolongamento ao longo do tempo registraram distintas interpretações, sobretudo com a passagem do antigo e primitivo agrarismo para a moderna sociedade industrial. Com o capitalismo, em especial, os princípios gerais da constituição das relações assimétricas responderiam a situações históricas específicas, bem como a vínculos sociais singulares (categorias raciais, de gênero, cidadania, classe ou profissão).

Ao mesmo tempo, as desigualdades se manteriam duradouras entre os seres humanos, para além da produção e reprodução das diferenças entre a variedade das categorias sociais. Enquanto os mecanismos próprios da exploração extrairiam parte dos proprietários de benefícios gerados pelos sem propriedades, a acumulação de oportunidades por monopólios sociais determinaria o aparecimento de categorias excludentes pela educação, pela exclusividade do uso de armas (polícia e militares), entre outros poderes.

Nessas circunstâncias, a imitação organizacional de modelos de desigualdade de sucesso se expressaria pelas ações de burocracias e corporações privadas. A rotinização e burocratização do modo de vida exerceria papel fundamental na reprodução de hierarquias promotoras de desigualdade no interior das modernas sociedades industriais, conforme destacado por Max Weber (1864-1920) e Charles Tilly (1929-2008).

Em reação, avançou a perspectiva da celebração da desigualdade e do iletramento enquanto defesa da meritocracia, diante das possíveis imperfeições do funcionamento das forças do mercado. Enquanto fator de homogeneização da sociedade, o mercado responderia pela ordem social capitalista, garantida sempre que prevalecesse a não intervenção que não fosse pela livre interação individual.

Nesse sentido, a contribuição de Adam Smith (1723-1790) se destaca pela centralização da ordem natural dos mercados, pois, regida por leis naturais em torno da natureza humana, assentaria a harmonia social consubstanciada pela mão invisível. Em outras palavras, o dinheiro assumiria a condição central de equivalente de tudo e para todos.

Na sociedade do "Deus-dinheiro", a igualdade resultaria da eliminação das barreiras do racismo, castas e gênero, próprias dos valores socioculturais não-monetários. O dinheiro, assim, por ser o mecanismo uniformizador inexistente nas sociedades pré-capitalistas, permitiria a ascensão social a todos os seres humanos.

Ao contrário da perspectiva de naturalização da equalização pelo dinheiro e da homogeneização pelo mercado, a realidade decorrente do desenvolvimento da sociedade gestada pelo capitalismo industrial se apresentou ampla e profundamente desigual. A fundamentação justificadora para a desigualdade e iletramento de uma parcela da população se apresentou livre para explorar a incapacidade de determinados segmentos sociais de conviver com a competição no interior do mercado, bem como a própria socialização pelo dinheiro.

A validação plena da meritocracia estaria, assim, comprometida para determinados segmentos sociais e circunstâncias históricas. Na passagem para a sociedade industrial, detentora de uma estrutura social altamente hierarquizada, a riqueza acumulada pelo esforço dos indivíduos mais bem-sucedidos, perante a pobreza de indolentes e preguiçosos, revelaria a desigualdade pelo mérito.

Pela perspectiva do naturalista e biólogo Charles Darwin (1809-1882), a desigualdade teria sido identificada por Herbert Spencer (1820-1903) com a manifestação da teorização do darwinismo social. Através do desenvolvimento do conhecimento da biologia social, alguns grupos sociais que predominariam sobre outros na luta pelo espaço e recursos comprovariam a desigualdade em múltipla dimensão no interior da sociedade.

Em base teórica etnocentrista, haveria, por exemplo, a superioridade dos europeus em relação aos outros povos, o que explicitaria algumas das razões pelas quais a desigualdade se apoiaria na riqueza de alguns perante a pobreza da maioria, entre sociedades e no interior das próprias sociedades. Independentemente da possível existência de um ponto de partida melhor, gerado pela posição social familiar validada, em determinadas situações, por monopólios sociais gerados pela atuação estatal, os vencedores seriam portadores do mérito a justificar o valor individual e a ascensão social.

Neste mesmo sentido, a revolução genética produzida desde Gregor Mendel (1822-1884) abriu caminho para o legado do racismo científico, assentado na teorização do eugenismo. A teorização racial se desenvolveu e passou a justificar a crença da superioridade genética e o quociente de inteligência (QI).

De certa forma, ricos, poderosos e privilegiados puderam encontrar subsídios "científicos", fundados na posição superior de seus genes, distante da realidade dos saques, da escravidão, do tráfico negreiro, e do genocídio gerado durante mais de três séculos pelo sistema colonial europeu. Ao mesmo tempo, houve a fundamentação de parte de determinados grupos sociais e políticos, que defendiam a seleção artificial para elevar a composição populacional, acompanhada da eliminação dos indesejáveis (esterilização e genocídio).

Assim, a superioridade racial encontrou em cientistas do século XIX, como o francês Joseph Gobineau (1816-1882), teorias que se tornariam a base científica dos defensores da superioridade de certas raças sobre outras. Isso especialmente em sociedades escravistas, como no Império do Brasil, quando o cientista social Gobineau exerceu cargo diplomático na corte de D. Pedro II (1825-1891) e explicitou a miscigenação responsável pela degeneração da sociedade, diante da inferioridade das raças não-brancas.

Embora o regime da escravização do trabalho tenha sido abandonado legalmente, as teses sobre a eugenia ("bem-nascido", em grego) continuaram a ser reproduzidas ao longo do século XX. Nos Estados Unidos, por exemplo, algumas universidades mantiveram departamentos de pesquisa associados à "ciência racial", inclusive financiados por doações filantrópicas de famílias de ricos e poderosos (Instituto Carnegie, Rockefeller, entre outros).

Nesse mesmo sentido, ressalta-se a fundamentação das legislações difundidas durante as primeiras décadas do século XX nos Estados Unidos, ancoradas na esterilização forçada de populações consideradas "impróprias". Da mesma forma, a Lei da Imigração de 1924 introduziu o critério de cotas raciais e barreiras à entrada de determinados povos (africanos, árabes e outros).

Em grande medida, a experiência estadunidense terminou servindo de inspiração à adoção de leis raciais na Alemanha nazista – leis que legalizaram a perseguição, a esterilização e o genocídio em nome da eugenia.

Um dos principais precursores teóricos dos programas nazistas de "higiene racial" da época foi o médico e matemático Francis

Galton (1822-1911). Além de primo de Charles Darwin, ele ficou conhecido como o "pai da eugenia", por postular a evolução dirigida e autoconsciente da raça humana superior.

Por ser acompanhado de seus descendentes intelectuais e colegas eugenistas, diversos estudos a respeito da superioridade branca foram realizados com procedimentos estatísticos, utilizados para identificar características de pessoas bem-sucedidas. Para tanto, havia a justificativa acerca do incentivo estatal à reprodução das elites, pois, ao contrário dos afligidos pela loucura, debilidade mental, criminalidade habitual e pauperismo, os bem-sucedidos decorreriam procedentes da natureza e não da criação ou hereditariedade.

Neste contexto, o que também ganhou forma foi o discurso normatizador da inferioridade feminina por iluministas relevantes, como Jean-Jacques Rousseau e Immanuel Kant (1724-1804). De certa forma, constata-se que, desde a Grécia Antiga, com o filósofo Aristóteles (384-322 a.C.), as mulheres eram percebidas como "homens defeituosos".

Mas foi com o Iluminismo que o sexismo ganhou sustentação na ciência, contribuindo para que a restrição da mulher na sociedade se mantivesse. Com Paul Möbius (1853-1907), por exemplo, o sexismo sustentou a justificativa da desigualdade, uma vez que a fisionomia e a anatomia femininas assumiam referência à ciência para privilegiar, no âmbito privado, fundamentalmente as funções reprodutora e de cuidados sociais e domésticos.

No caso masculino, prevaleceram as justificativas próprias de atividades fora de casa, consideradas nobres no antigo agrarismo (educação, cultura, política e diplomacia), e de produção fora de casa, regulada por direitos sociais e trabalhistas na sociedade industrial. Dessa forma, a dimensão sociocultural da subalternidade feminina prevaleceu para justificar a desigualdade, assentada na restrição do acesso aos seus direitos em pleno funcionamento do mercado capitalista e da sociabilidade do dinheiro.

A trajetória da ciência também avançou do sexismo para a teorização a respeito do criminoso nato. Destacou-se, nesse caso, o cientista e médico italiano Cesare Lombroso (1835-1909), que teorizou a respeito das características morfológicas próprias da delinquência no interior da sociedade (nariz adunco, testa fina e outros).

Ao lado de Enrico Ferri (1856-1929) e Raffaele Garofalo (1851-1934), a escola positiva prosseguiu na etapa científica da criminologia, ao longo do século XX, como análise do delito. Por conta disso, o delinquente nato registraria uma série de estigmas degenerativos comportamentais, psicológicos e sociais, associados a certos animais, plantas e tribos "primitivas selvagens".

Enquanto o perfil morfológico da criminalidade nata apontou para características do povo judeu, no Brasil os estudos do médico legista e antropólogo Raimundo Nina Rodrigues (1862-1906) trataram da ênfase à inferioridade física e mental dos negros e mestiços. Ao se voltar aos casos criminais, loucura e crenças religiosas, por exemplo, o contexto científico da época no Brasil apontou o branqueamento na virada da Monarquia para a República como justificador da desigualdade no país de longa trajetória escravista.

Na mesma marcha, constata-se o papel desempenhado pela indústria cultural na naturalização da desigualdade, como algo inevitável no interior da sociedade de massa voltada ao consumismo. Por não ser espontânea, mas construída socialmente por estruturas sociais materiais e simbólicas, reproduz-se pelos meios de comunicação de massa os interesses dos grupos dominantes da sociedade, conforme alertou Theodor Adorno (1903-1969).

A naturalização da desigualdade termina por legitimar uma dada realidade produzida, cujo papel dos aparelhos ideológicos (Estado, instituição familiar, escolas, mídia) se tornou fundamental, conforme revelou Louis Althusser (1918-1990). Através da visão monolítica e acabada de organização social dominante, a relação imaginária, transformada em prática, reproduz a estrutura de produção vigente, impondo uma postura resignada e conformista da realidade que esvazia o potencial de sua modificação.

Diante disso, o agrarismo e, principalmente, a sociedade industrial se constituíram desiguais e hierarquizados. O descompasso educacional decorre da cobrança dos que têm acesso igualmente de todos, justamente quando não há o mesmo ponto de partida universalizado diante das diferenças sociais fundamentais presentes na sociedade.

A violência simbólica se manifesta pela forma homogênea de cultura que tende a ser imposta a todos no interior das sociedades de classes. Foi nesse sentido que Pierre Bourdieu (1930-2002) ressaltou o quanto a desigualdade assumiu a condição de diferença, que se converte em vantagens de alguns em relação às desvantagens dos demais, revelando a sua evolução e reprodução ao longo do tempo.

Mas, para a perspectiva teórica do capital humano, o conhecimento seria a condição da deliberação individual, pela qual a elevação da capacitação resultaria em ganhos de produtividade dos trabalhadores, e em lucros dos capitalistas, conforme a teorização dos economistas estadunidenses Theodore Schultz (1902-1998) e Gary Becker (1930-2014). Assim, a relação da educação com o rendimento se tornaria direta, explicitando o quanto a acumulação de capital humano perpetuaria e catalisaria as *desigualdades* ao longo do tempo.

2.2 Desigualdades na Era Digital

Tal como no passado, quando ocorreu a passagem da Era Agrária para a Industrial, assiste-se atualmente o ingresso na Era Digital. Trata-se de outro paradigma produtivo, ocupacional e organizativo social e político, sobre o qual as reflexões são ainda insuficientes e, muitas vezes, até contraditórias.

Não parece se tratar de uma nova revolução industrial. Afinal, os produtos manufaturados são praticamente os mesmos de tempos atrás (geladeira, fogão, automóvel, avião etc.). No entanto, estão mais sofisticados, incorporando computador e processador, à base da revolução tecnológica informacional. Nota-se que o profundo salto tecnológico em curso se move por inovações disruptivas, cuja alteração no papel do Estado é estratégica, mediante a inquestionável monopolização da concorrência pelas grandes corporações transnacionais privadas.

Assim como na Era Agrária, a Industrial se caracterizou pela presença de uma determinada organização do que poderia ser definido como sociedade civil. Em grande medida, ela estava condicionada pelo predomínio da relação salarial tradicional, mas que atualmente tem passado por um deslocamento para a relação "débito e crédito", própria da Era Digital.

Os trabalhadores saberiam o seu custo de vida, considerando os gastos com alimentação, transporte, moradia etc. Para uma família sobreviver, seria necessário o pagamento de um determinado custo (débito), mas nem sempre o ganho na relação salarial se apresenta suficiente, impondo, assim, a busca por complementação (crédito).

A complementação necessária adviria do dinheiro a ser obtido de distintas fontes legais ou ilegais: de trabalhos gerais e eventuais que ampliam a jornada semanal; dos programas governamentais de transferência de renda (aposentaria, pensão, bolsas e outros); da financeirização dos pobres pelo endividamento, entre outras. Há, portanto, uma diversidade de atividades pelas quais as pessoas buscam ampliar a renda (crédito para atender ao débito consumista).

É uma realidade de difícil compreensão, cujas informações estatísticas geradas por pesquisas tradicionais tendem a ocultar, continuando a reproduzir metodologias incompatíveis – cegas – à sociedade de hoje, da Era Digital. Olhando para o Oriente, por exemplo, percebe-se que 40% da economia chinesa já está digitalizada (a brasileira, 13%).

As mudanças profundas impostas neste primeiro quarto do século XXI decorrem, em grande parte, do avanço da primeira fase da Era Digital. Esta parece se abrir para uma nova fase, vinculada ao que vem sendo definido, provisoriamente, como "metaverso". Na primeira fase, os dados do cotidiano de indivíduos, famílias, empresas e Estados foram sendo internalizados no ambiente da internet (agendas, transferência de recursos, gastos, vídeos etc.).

Há uma transferência rápida e gratuita de um enorme conjunto de informações, que passou a ser transformado em dados crescentemente agregados, sistematizados e processados pela presença de algoritmos. Diante disso, as empresas gestoras obtiveram um novo modelo de negócio, de lucratividade excepcional, apropriado por poucas e grandes empresas estrangeiras.

Nessa primeira fase, as organizações da sociedade não acompanharam o ritmo das inovações, perdendo, assim, espaço. Nessa esteira, há a geração de novas formas de desigualdades, juntamente às descrenças e perdas de filiados em instituições tradicionais da Era Industrial (sindicatos, partidos, associações e outros).

Na segunda fase da Era Digital, o metaverso explicita o conceito amplo do universo *online* 3D, a combinar uma diversidade de ambientes virtuais, capazes de permitir que os usuários trabalhem, se encontrem, joguem e socializem em ambientes 3D. Algumas plataformas em operacionalização apontam para experiências associadas ao conceito de metaverso, como nos jogos de eventos e na criação de complexas economias virtuais.

A novidade das criptomoedas avança na economia digital, com tecnologias e sistemas novos de transparência e governança. Nesse presente do futuro, a tecnologia tende a continuar liderando a via pela qual a revolução informacional transforma quase tudo em dados, associados a algoritmos indutores de comportamento massificados, e a partir do modelo de negócio próprio de grandes e poucas corporações transnacionais.

Nas sociedades analógicas (Agrária e Industrial), as desigualdades se apresentaram inquestionáveis, próprias do mundo "*offline*". Na passagem atual para a Era Digital, potencializa-se ainda mais a desigualdade do mundo "*online*". A despeito de outras formas de desigualdades, observa-se grandes discrepâncias já nas possibilidades de acesso – seja pela infraestrutura precária ou escassa, seja pelo custo do uso. No caso do Brasil, na terceira década do século XXI, apenas 81% da população com 10 anos ou mais usa internet, e somente 20% o faz com acesso de qualidade à rede.

As diferenças entre níveis de rendimento, escolaridade, sexo, raça e localidade geográfica se aprofundam na Era Digital. Para além da disparidade de rendimentos que reforça a desigualdade de acesso à internet, há reflexos perversos para o conjunto da sociedade, principalmente no que tange à educação, ao trabalho e à sociabilidade.

Na Era Digital, a desigualdade se refere à distância entre distintos segmentos sociais em relação ao acesso e ao uso das tecnologias de informação e comunicação, que se manifestam por razões políticas, econômicas, sociais e geográficas. Por conta disso, emergem teorizações a respeito de como a desigualdade se manifesta, trazendo consigo o problema do iletramento digital.

2.3 Para complementar: o caminho da desigualdade na Era Digital

O Brasil avança na Era Digital, mas, simultaneamente, avança o crescimento do abismo entre incluídos, semi-incluídos e excluídos. Com infraestrutura digital precária e pouca e escassa oferta em todo o território nacional, dominado por oligopólios privados, a dependência tecnológica juntamente à perda de soberania tornam insuficiente a renda para o acesso à internet.

Da mesma forma, abunda ainda o iletramento pleno ou parcial no uso das tecnologias de informação e comunicação. As barreiras à digitalização da economia e da sociedade no Brasil impedem, portanto, o acesso adequado ao novo padrão de vida e trabalho.

Ademais, as condições em que a digitalização avança no país permitem que se insiram incluídos e semi-incluídos numa sociedade de massa. No entanto, sem antes ter universalizado a educação de qualidade, acaba-se por expor fragilidades e riscos crescentes. Consequentemente, a desigualdade digital reforça os segmentos empobrecidos e já fragilizados, herdados do passado agrário e da sociedade industrial.

Na Era Digital, as desigualdades individuais, regionais, sexuais, etárias e raciais se aprofundam. Isso porque as desigualdades presentes na antiga sociedade "*offline*" (agrária e industrial) afetam e reproduzem novas desigualdades na própria sociedade "*online*" (Era Digital).

A difusão do acesso e do uso de bens e serviços digitais, que prometia um mundo diferente das tradicionais desigualdades da Era Industrial, está por apontar o patamar elevado da desigualdade no Brasil. O ponto de partida decisivo disso decorre da forma de ingresso na Era Digital.

Considerando que a digitalização se torna cada vez mais baseada na internet, nos aplicativos e no computador, o mundo tem se dividido em dois grupos de países: os que produzem e exportam bens e serviços digitais, e aqueles que simplesmente consomem, dependendo desses mesmos bens e serviços. O Brasil de hoje faz parte do segundo grupo, produzindo pouco e utilizando muitos serviços de empresas estrangeiras, com a importação de bens digitais. Ao mesmo tempo, aprofunda a condição de subdesenvolvimento, pois tem capturado o imenso conjunto de dados brutos das informações pessoais, a potencializar o modelo de negócio das grandes *big techs* estrangeiras.

A questão geral que emerge da inserção do país na Era Digital é que, dessa forma, a maior parte das oportunidades geradas no mundo do trabalho tende a ser simples e mal remunerada, sem acesso aos direitos sociais e trabalhistas. Em vez do emprego de força de trabalho qualificada em atividades superiores – como programadores, profissionais de engenharia em construção de satélites, analistas e desenvolvedores de aplicativos, e outras –, difundem-se atividades gerais em plataformas digitais de entrega ou em atividades mantidas por corporações transnacionais.

Nessas circunstâncias, a desigualdade não encontra travas. Pelo contrário, tem caminho aberto para o aprofundamento de sua manifestação.

Capítulo 3

Era Digital sob o olhar da relação capital e trabalho

Os analistas ocidentais do mundo contemporâneo têm perdido importância relativa no tratamento do horizonte de longo prazo, sobretudo considerando a mudança de época que se encontra em curso – perceptível pela aceleração do tempo presente, imposta pelo avanço da Era Digital. Essa constatação não é menos importante, tampouco secundária.

A economia pensada ainda na Grécia Antiga era entendida como um meio pelo qual a política permitiria convergir os interesses de uma maioria – maioria definida pela própria política. Mas nos dias de hoje, ao menos nesse primeiro quarto do século XXI, observa-se que a economia é, praticamente, um fim em si mesmo. Há uma espécie de secundarização da política aos princípios que norteiam o tema da economia. E, nesse sentido, os analistas ocidentais foram também reduzindo a importância relativa de tais princípios no que diz respeito ao imaginário de um horizonte de maior prazo. Não alcançam, portanto, o quanto a relação capital e trabalho tem sido transformada.

O entendimento acerca da inflexão histórica neste primeiro quarto do século XXI parte da hipótese de que está havendo uma significativa aproximação entre o campo de experiência, identificado pelos afazeres diários, normais da vida, e o horizonte das expectativas, o futuro. Com isso, o que até então se imaginava distante do dia a dia, percebido como um horizonte do futuro, passa a acontecer no campo das experiências individuais e coletivas, incorporado no cotidiano, diante da aceleração do tempo presente.

Mas tudo isso que altera a dinâmica objetiva do modo de produzir e distribuir riquezas, bem como de trabalhar, se relacionar, enfim, viver e sobreviver, sofre uma importante atenção das percepções de subjetividade, distinta em relação à compreensão de mundo e de sentimentos pessoais. Sobre isso, aliás, a indústria cultural ocidental tem produzido insistente contribuição de sentidos contraditórios.

Três produções distintas no tempo, por exemplo, podem contribuir para melhor dimensionarmos a percepção subjetiva do sentido da aceleração do tempo presente. Inicialmente, o seriado televisivo *Os Jetsons*[1] especulou sobre o futuro, apresentando o imaginário de um modo de vida supermoderna a partir da década de 1960. É uma série produzida nos Estados Unidos, porém difundida de maneira generalizada pelo mundo, com uma visão otimista do futuro diante das possibilidades tecnológicas projetadas há mais de seis décadas: cidades suspensas, trabalhos automatizados, aparelhos eletrodomésticos avançados, telefones com imagem, entretenimento com robôs etc.

---

1 Sinopse do seriado: "*The Jetsons* (em português *Os Jetsons*) é uma série animada de televisão produzida pela Hanna-Barbera, exibida originalmente na ABC entre 1962 e 1963. [...] Tendo como tema a 'Era Espacial', a série introduziu no imaginário da maioria das pessoas o que seria o futuro da Humanidade: carros voadores, cidades suspensas, trabalho automatizado, toda sorte de aparelhos eletrodomésticos e de entretenimento, robôs como criados, e tudo que dá para se imaginar do futuro" (THE JETSONS [série]. *In*: Wikipédia, a enciclopédia livre. Flórida: Wikipedia Foundation, 2020. Disponível em: https://pt.wikipedia.org/wiki/The_Jetsons).

Em 1982, o filme *Blade Runner*,[2] um clássico *cult* dos filmes hollywoodianos, trouxe elementos que já não eram tão positivos em relação às perspectivas do futuro de mudanças tecnológicas. Focou, justamente, a partir do que poderia vir a ser Los Angeles: uma cidade cujo futuro contraditório ilustraria a mistura do moderno com o atrasado, com sinais da decadência no modo de vida apontando para um grau de colapso da civilização. Em síntese, mostra a perspectiva da colonização de outros planetas, com certa revolta dos denominados "replicantes humanos", em meio aos problemas conhecidos de violência, poluição, migração, pobreza e desigualdades – problemas próprios inclusive dos grandes centros urbanos do Norte Global.

2 Sinopse do filme: "No início do século XXI, uma grande corporação desenvolve um robô que é mais forte e ágil que o ser humano e se equiparando em inteligência. São conhecidos como replicantes e utilizados como escravos na colonização e exploração de outros planetas. Mas, quando um grupo dos robôs mais evoluídos provoca um motim, em uma colônia fora da Terra, este incidente faz os replicantes serem considerados ilegais na Terra, sob pena de morte. A partir de então, policiais de um esquadrão de elite, conhecidos como Blade Runner, têm ordem de atirar para matar em replicantes encontrados na Terra, mas tal ato não é chamado de execução e sim de remoção. Até que, em novembro de 2019, em Los Angeles, quando cinco replicantes chegam à Terra, um ex-Blade Runner (Harrison Ford) é encarregado de caçá-los" (BLADE Runner, o Caçador de Andróides. *Adoro Cinema*, disponível em: https://www.adorocinema.com/filmes/filme-1975/).

Por fim, uma produção mais recente: *Destinos à deriva*[3] se concentra na situação migratória, combinada com regimes políticos de natureza totalitária, sobretudo na gestão da escassez de artigos essenciais, como água e alimentos. É uma mensagem implícita de cancelamento de um futuro superior, diante das emergências climáticas, guerras e concentração de riqueza, renda, poder e privilégios.

Assim, a identificação de como o futuro se faz presente no cotidiano tem sido traduzida em variadas inspirações. O destaque da mudança de época contempla a percepção da aceleração do tempo, em meio à combinação do futuro imaginado sobre a realidade do cotidiano.

Essa aproximação do tempo presente com o futuro tem percorrido o caleidoscópio da positividade para a negatividade. Isso tem gerado duas grandes narrativas acerca do sentido interpretativo possível do presente do futuro, especialmente quando se concentra na trajetória do Brasil contemporâneo. De um lado, há a grande narrativa em defesa da ordem neoliberal atual, cuja oferta da esperança anunciada, sobre o que seria possível manter do passado alvissareiro, vem gerindo, do ponto de vista democrático, as emergências da economia e sociedade. Ou seja, uma aposta positiva no futuro a contemplar a perspectiva política evolutiva do tempo, cujo horizonte vindouro tenderia a ser naturalmente superior ao passado.

---

3 Sinopse do filme: "Mia (Anna Castillo) é uma mulher grávida que se esconde em um contêiner para fugir de um país totalitário com o marido. Separada dele à força, ela precisa lutar pela sobrevivência quando uma violenta tempestade a atira ao mar. Sozinha e à deriva no meio do oceano, Mia fará o impossível para salvar a vida da filha e reencontrar o companheiro" (DESTINOS à deriva. *Adoro Cinema*, disponível em: https://www.adorocinema.com/filmes/filme-297845/).

De outro lado, há uma outra grande narrativa, que parte do pressuposto de futuro inferior à ordem atual. O cancelamento de um possível futuro superior ao passado tem sido acompanhada da projeção antissistêmica do regime democrático, visto como incapaz de oferecer um horizonte vindouro que não seja o caos generalizado (ambiental, populacional, urbano, a guerra e outros).

Essas duas grandes narrativas predominam na interpretação do Brasil contemporâneo, produzindo choque entre as visões anti e pró-sistema. O resultado tem sido a divisão e o dilaceramento da perspectiva de um futuro comum, com intensa e crescente polarização no interior da sociedade. Tudo isso tem comprometido a coesão social e a perspectiva de projeto de nação.

3.1 Novos eixos da disputa de futuro

Diante do exposto, parte-se da hipótese de que as duas grandes narrativas acima mencionadas não se mostram suficientes para melhor compreender o Brasil contemporâneo, demarcado pela profunda mudança de época. Com isso, as gerações atuais têm a oportunidade singular de fazer a história progredir, construindo em novas bases a própria história – um jogo em disputa do futuro, submetido a quatro novos eixos estruturadores do horizonte de expectativas da humanidade.

Inicialmente, cabe destacar o deslocamento do centro dinâmico, que nos últimos 500 anos estava localizado no Ocidente do mundo, e que mais recentemente passou a se dirigir para o Oriente. Isso não é visível apenas do ponto de vista comercial, econômico e tecnológico, como se observa especialmente no caso da China, e que, de certa maneira, rompeu com o projeto de modernidade que havia sido instalado desde 1453, quando os turcos tomaram Constantinopla, hoje Istambul.

De certa forma, a interrupção que se fez às milenares Rotas da Seda separou o comércio do que havia de mais avançado entre as sociedades agrárias daquela época. De um lado, os Impérios Hindu e do Meio (China), especializados na produção de especiarias – mercadorias de produção mais avançada. De outro, o atraso dos impérios europeus, dependentes do comércio proveniente das Rotas da Seda. Como havia algumas cidades europeias cujos centros comerciais dependiam da riqueza resultante das trocas realizadas nas Rotas da Seda, com o percurso no Mediterrâneo, a queda de Constantinopla significou o seu declínio.

Por isso, um grande investimento das cidades-estado comerciais europeias emergiu entre o final do século XV e o começo do XVI. Junto aos impérios português, espanhol, inglês, francês, holandês e outros, elas trataram de estabelecer novas rotas marítimas para as Índias e a China – agora não mais pelo Mediterrâneo, mas pelo avanço ao Ocidente, explorando a navegação pelo Oceano Atlântico.

O ciclo das Grandes Navegações, que reinstaurou o comércio com a China e as Índias pelo Oceano Atlântico, alcançou algo inédito até então: o "descobrimento" e a conquista do continente desconhecido, posteriormente denominado América.

Com isso, houve a instalação do sistema colonial europeu, que constituiu a primeira experiência da cadeia global de valor, unindo três grandes continentes (Europa, África e América). Se o continente africano fornecia mão de obra a ser escravizada, o continente americano produzia as *commodities* daquela época: no caso brasileiro, nas primeiras décadas, o pau-brasil e, posteriormente, o açúcar da cana.

Acrescente-se também a exploração mineral de prata em Potosí (Bolívia), e de ouro em Minas Gerais. De certa maneira, o sistema colonial permitiu enriquecer fundamentalmente a Europa, favorecendo a constituição da acumulação primitiva que potencializou a própria Revolução Industrial na Inglaterra, ainda na metade do século XVIII.

Durante os três séculos de avanço do eurocentrismo sob o sistema colonial europeu, os impérios europeus centralizaram a dinâmica mundial em formação. Na sequência, o surgimento do capitalismo, com a Revolução Industrial, ganhou crescente expansão planetária.

O avanço pode ser visto em diversos campos: nas artes, cultura, literatura e ciências, próprias do Renascimento, e com o posterior salto do Iluminismo. Em resumo, foi um projeto de modernidade que concedeu ao Ocidente um protagonismo multidimensional que perdurou por muito tempo.

Após vários séculos, os sinais de colapso do projeto de modernidade ocidental começaram a aparecer. Desde a passagem para o século XXI, a perspectiva econômica, tecnológica e comercial se conformou no Oriente, especialmente na China.

Nesse sentido, há desde então uma realidade nova que vem se impondo ao Brasil e a todo o continente americano. Da concentração das relações econômicas e comerciais com o Norte Global do Ocidente à transição para a Ásia, sobretudo a China, trata-se de uma passagem consolidada no primeiro quarto do século XXI.

O segundo grande eixo condutor de futuro está diretamente relacionado à transição do sistema climático, que tem interferência econômica muito importante, porque trata-se do abandono do Holoceno em direção ao Antropoceno. Desde os anos 1960, múltiplas pesquisas e estudos científicos têm chamado a atenção para a incapacidade de o planeta sustentar o padrão de produção e consumo dos Estados Unidos. O projeto *American Way of Life*, com casas grandes, dois ou três automóveis na garagem, bem como com a incorporação da rede de eletrodomésticos, garantiu trinta anos de glória, logo após o fim da Segunda Guerra Mundial.

A partir do início da década de 1970, com a contribuição do *Clube de Roma*,[4] o padrão de produção e consumo tem sido destacado como ambientalmente insustentável. Uma outra relação entre sociedade e natureza se torna impositiva, não percebendo esta como um mero recurso de uso ilimitado. Mesmo com a crença de que seria possível conviver com essa transição, mitigando os

---

4 "Em 1968, o empresário italiano Aurelio Peccei, presidente honorário da Fiat, e o cientista escocês Alexander King se juntaram para promover um encontro, no qual seria discutido o futuro das condições humanas no planeta. A ideia era convidar cerca de 20 personalidades da época para avaliar questões de ordem política, econômica e social com relação ao meio ambiente. O trabalho que deixou o Clube de Roma em evidência mundial aconteceu quatro anos depois de sua primeira reunião. Em 1972, o grupo pediu a uma equipe de cientistas do Instituto de Tecnologia de Massachusetts (MIT, sigla em inglês), liderada por Dennis e Donella Meadows, para elaborar um relatório intitulado 'Os Limites do Crescimento'. Este estudo utilizou sistemas de informática para simular a interação do homem e o meio ambiente, levando em consideração o aumento populacional e o esgotamento dos recursos naturais. A conclusão a que se chegou foi que se a humanidade continuasse a consumir os recursos naturais como na época, por consequência da industrialização, eles se esgotariam em menos de 100 anos" (PENSAMENTO VERDE. "Clube de Roma e o relatório 'Os limites do crescimento' (1972)". *Pensamento Verde*, 2 jan. 2014. Disponível em: https://www.pensamentoverde.com.br/sustentabilidade/clube-roma-relatorio-limites-crescimento-1972/). Para mais informações, acessar *The Club of Rome*: https://www.clubofrome.org/.

trágicos impactos, as constantes revelações do IPCC[5] sinalizam para um ponto de não retorno.

A elevação da temperatura média do planeta parece não deixar dúvidas a respeito da incapacidade de os governos bloquearem os circuitos destrutivos próprios do modelo de produção e consumo atualmente existente. A inovação do conceito de "desenvolvimento sustentável", adotado desde o início dos anos 1990 através das várias conferências sobre clima (COPs),[6] assemelha-se cada vez mais a uma ilusão.

---

5 "O Painel Intergovernamental sobre Mudanças Climáticas, mais conhecido pelo acrônico IPCC (da sua denominação em inglês *Intergovernamental Panel on Climate Change*) é uma organização científico-política criada em 1988, no âmbito das Nações Unidas (ONU), pela iniciativa do Programa das Nações Unidas para o Meio Ambiente (PNUMA) e da Organização Meteorológica Mundial (OMM). Tem como objetivo principal sintetizar e divulgar o conhecimento mais avançado sobre as mudanças climáticas que hoje afetam o mundo, especificamente o aquecimento global, apontando suas causas, efeitos e riscos para a humanidade e o meio ambiente, e sugerindo maneiras de combater os problemas. O IPCC não produz pesquisa original, mas reúne e resume o conhecimento produzido por cientistas de alto nível independentes e ligados a organizações e governos" (PAINEL Intergovernamental sobre Mudanças Climáticas. *In*: Wikipédia, a enciclopédia livre. Flórida: Wikipedia Foundation, 2024. Disponível em: https://pt.wikipedia.org/wiki/Painel_Intergovernamental_sobre_Mudan%C3%A7as_Clim%C3%A1ticas). Para mais informações, acessar: https://www.ipcc.ch/.

6 "Desde 1995, a Organização das Nações Unidas (ONU) reúne lideranças de todo o mundo para discutir ações de enfrentamento ao desafio global das mudanças climáticas [na chamada Conferência das Partes (Conference of the Parties)]" (AMCHAM BRASIL. "Entenda o que é COP27 e como ela pode impactar a sua empresa". *Amcham*, 01 ago. 2023. Disponível em: https://www.amcham.com.br/blog/o-que-e-cop27). Para mais informações, acessar: https://unfccc.int/process/bodies/supreme-bodies/conference-of-the-parties-cop.

As consequências do aumento da temperatura média global estão cada vez mais perceptíveis, reafirmando a emergência da agenda ambiental e climática. A média da temperatura maior significa, na verdade, o degelo da calota polar, com a elevação do nível do mar, além das enchentes, inundações e o possível desaparecimento de algumas cidades litorâneas em vários países, inclusive no Brasil.

Também se observa desequilíbrios pluviométricos relacionados a escassez ou ao excesso de chuva. Com isso, tem-se a desertificação em certos biomas, e enchentes e epidemias em outros. Com o novo regime climático, possibilidades e limites se apresentam como desafios para cada país, uma vez que a fronteira ambiental não respeita a divisão política na geografia das nações. Para o caso brasileiro, por exemplo, a variedade de biomas, especialmente os da parte litorânea do Atlântico, da Floresta Amazônica e do enorme reservatório subterrâneo de água doce, pressupõe capacidades de gerir os destinos da realidade nacional.

Diante das mudanças climáticas, a convivência com sistemáticos desastres socioambientais de grande magnitude aponta para a nova realidade, também, em termos de conexão com o presente do futuro. Ao mesmo tempo, outras iniciativas se apresentam, tal como a da colonização de outros planetas – o abandono de um futuro possível na Terra enquanto oportunidades de investimentos capitalistas na exploração espacial.

O terceiro grande eixo condutor de futuro relaciona-se diretamente com a passagem da Era Industrial para a Digital. Trata-se da nova época da digitalização dos dados. É um modelo de negócio que passa a superar o que foi o petróleo no passado, na Era Industrial, cujo curso da revolução informacional vem forjando profundas e inegáveis transformações nas sociedade atuais.

A Era Digital, enquanto processo de datificação, impulsionou poucas e grandes corporações transnacionais a alcançarem lucros extraordinários. Riqueza proveniente da associação do "*big money*" com "*big tech*", que acaba por violar, e de maneira crescente, a soberania das nações e a autonomia delas em relação à proteção das informações pessoais. No Brasil, há ainda mais um agravante, pois pouco ainda se investiga em relação à quantidade de pessoas que vivem da monetização das redes sociais, bem como o impacto dessas atividades na geração do valor agregado. São segmentos imunes também à contribuição tributária e à extensão da riqueza transferida para o exterior.

De forma semelhante, essas diversas possibilidades de ocupação, relativas às atividades remuneradas desenvolvidas por intermédio das redes sociais, nem sempre têm sido reconhecidas como trabalho. *Influencers*, *youtubers*, jogadores de apostas variadas, entre outras atividades monetizadas das redes sociais, são ainda pouco conhecidos.

Na Era Digital, as informações pessoais são capturadas, armazenadas e sistematizadas pela inteligência artificial. Máquinas de aprendizado são treinadas por algoritmos. Operam com volume de dados sem precedentes, que resultam tanto das decisões individuais como do setor público e privado. Assim, uma vastidão de informações sob o domínio da política de privacidade das *big techs* (músicas, filmes, percursos no trânsito feitos por aplicativo, as contas e operações financeiras, lista de contatos telefônicos, mensagens etc.) está sendo deslocada 24 horas por dia para redes de informação e comunicação que não são brasileiras – pertencentes às empresas estrangeiras.

Para além da perda de autonomia sobre o uso das informações individuais, assiste-se ao esvaziamento da soberania nacional no uso dos dados. As repercussões são gerais, inclusive sobre a sociabilidade, posto que os relacionamentos humanos pela internet, não mais "*face-to-face*", sugerem o avanço de uma espécie de "modernidade líquida" em paralelo às dimensões do trabalho imaterial – o qual não produz algo concreto, palpável, como o faz o trabalho material, próprio da transformação industrial e agrícola, por exemplo.

Em geral, assiste-se ao processo da hiper-industrialização dos serviços (setor terciário), que invade e contamina as atividades laborais e econômicas no conjunto da economia (setores agropecuários, de mineração, e industrial de transformação e construção civil). Com essas mudanças referentes à produção nacional, o comércio eletrônico, conduzido sobretudo por empresas estrangeiras, e a configuração do que até então se conhecia como medida de ocupação, renda e riqueza são profundamente alterados.

Por fim, o quarto grande eixo condutor de futuro está associado ao novo cenário demográfico. Emerge um inimaginável percurso de redução absoluta de habitantes no planeta, com o potencial de, até o ano 2100, haver uma sensível redução de civilizações historicamente consolidadas, como a japonesa, italiana, grega, francesa, entre outras. Até praticamente o século XVIII, a população estimada no mundo chegava a apenas um bilhão de habitantes. Mas, com a passagem do agrarismo para a Era Industrial, os últimos três séculos foram marcados por intenso crescimento populacional, ultrapassando na atualidade oito bilhões de habitantes no mundo. A alta taxa de mortalidade, que historicamente acompanhava a taxa alta de natalidade, foi se reduzindo em função do maior acesso ao saneamento básico, da educação da população, do desenvolvimento da medicina, das vacinas etc.

Mais tarde, as taxas de natalidade começaram também a despencar. Tudo isso associado ao aumento da pressão por habitações e obras de infraestrutura urbana, escolas, hospitais, entre outras demandas civilizatórias. As perspectivas censitárias do primeiro quarto do século XXI apontam, portanto, a estagnação do crescimento populacional em vários continentes.

A transição demográfica resulta também da crescente avaliação familiar a respeito da procriação humana. Com isso, a população mundial de oito bilhões de habitantes tende a não se manter mais, diante da queda sistemática na taxa de fecundidade.

Para além da constatação acerca da redução do número de filhos por mulher, a elevação da expectativa média de vida ao nascer revela uma mudança na composição etária das populações em cada país. No caso brasileiro, que havia multiplicado a sua população por cinco vezes no século XIX, e por dez vezes no século XX, a perspectiva até o ano 2100 é de uma população menor, com uma maior presença do segmento etário de 60 anos ou mais de idade.

O novo regime demográfico significa menos pessoas nascendo, mais pessoas morrendo, e, portanto, a redução absoluta do número de habitantes no planeta. Até a década de 2040, o Brasil poderá estabilizar a sua população antes de começar a reduzi-la em termos absolutos, com desafios enormes para as políticas públicas atuais e futuras.

Diante da desaceleração da pressão por novas matrículas de ensino, um dos efeitos já observados se refere à preferência pelo fechamento de escolas. Os gestores públicos têm buscado enfrentar o custo com as escolas, agora com menor pressão de alunos, por meio da unificação das unidades de ensino, e, consequentemente, fazem uso do transporte escolar. Ou seja, muitos alunos estão frequentando aulas que ocorrem mais distante de suas moradias – possivelmente gastando mais tempo com o deslocamento.

Será que isso representa a melhor oportunidade de modelo de escola para o Brasil, diante da profunda mudança de época? Uma escola que é própria da Era Industrial, distante da nova Era da digitalização!

Todos esses eixos protagonistas do futuro modificam as formas de produzir, porém não parecem apontar para o desaparecimento ou esvaziamento da centralidade do trabalho, mas apenas a natureza do labor. Isso implica enfrentar o predomínio das visões negativas sobre o futuro da humanidade e, sobretudo, os destinos do Brasil e de seu povo.

Em geral, os estudos e porta-vozes do cancelamento do futuro têm se concentrado no desaparecimento dos postos de trabalho. Eles, claramente, partem da hipótese da terceira ou quarta revolução industrial e tecnológica. Sustentam que, assim como havia ocorrido nas duas revoluções industriais passadas, nos séculos XVIII e XIX, a supressão dos postos de trabalhos terminaria se reproduzindo na atualidade.

Parece também importante destacar que a revolução tecnológica não se mantém neutra, porém ela não necessariamente significa somente a destruição de empregos. Deve-se ainda considerar que o que avança neste primeiro quarto do século XXI não tem sido bem uma revolução industrial, mas sim uma revolução informacional.

O paradigma produtivo assentado na estrutura química e mecânica, por exemplo, segue dominante na produção de bens (automóveis, aviões, casas e outros), próprios do passado. A diferença, contudo, está no fato de que esses mesmos bens incorporam crescentemente a presença de computadores, chips e processadores. Então, ocorre uma modificação nas formas de produzir, que não determinam por si o desaparecimento ou a perda da centralidade do trabalho.

Ao se adotar o critério e os dados da Federação Internacional de Robótica, responsável pelo monitoramento de robôs e do uso de inteligência artificial no mundo, pode-se constatar uma realidade interessante, em 2019: os países mais intensivos no uso de robôs e de inteligência artificial, como a Coreia do Sul, Taiwan, Singapura, Japão, China, Alemanha e Estados Unidos, não apresentavam desemprego em alta escala.

Ao contrário, a medida do desemprego aberto estaria próxima da do pleno emprego, com uma taxa de desemprego entre 3% e 4% da força de trabalho. Isso não quer dizer que não havia problemas de mercado de trabalho, como salários baixos, desigualdades e pobreza – havia, mas sem a taxa de desemprego elevada.

No Brasil, a despeito do senso comum muitas vezes repetido, os setores econômicos mais intensos em investimentos tecnológicos, como é o caso do ramo financeiro, apresentam crescimento da ocupação. Não o contrário.

Os bancos fazem muito investimento em proteção, segurança de dados, *big data*, entre outros. Por isso, o ramo financeiro produziu mais empregos do que destruiu, enunciando uma profunda mudança na natureza do trabalho.

Em 1988, por exemplo, o ramo financeiro empregava cerca de um milhão de trabalhadores, sendo 850 mil contratados diretamente pelos bancos, como escriturários, gerentes, entre outras ocupações, e 150 mil contratados indiretamente, consentidos pelas possibilidades da terceirização da época. Era o caso do emprego de trabalhadores terceirizados na segurança pessoal e patrimonial das agências bancárias, no transporte de valores realizado pelos chamados carros-fortes.

Quase três décadas depois, em 2014, o ramo financeiro passou a registrar mais de um milhão de empregados, em função do crescimento em ocupações de natureza distinta, como em atividades de correspondentes bancários (agências lotéricas), os consultores bancários, entre outras.

Nesse sentido, houve a ampliação da oferta de ocupações gerais que alteram as formas de ganho de renda, que pouco têm a ver com a ideia de emprego assalariado ou relação capital-trabalho tradicional da Era Industrial. O curso da revolução informacional muda a natureza do trabalho – desloca a centralidade da relação capital-trabalho para a nova relação débito-crédito.

Em resumo, o terreno sobre o qual se encontra a relação capital-trabalho, associada geralmente ao emprego assalariado, à tensão entre patrão e empregado, base da organização sindical da Era Industrial, tem sofrido abalos importantes. Em seu lugar, há uma mudança tecnológica em curso, operada pela revolução informacional. Ela se distingue, assim, pela generalização da obtenção de renda em ocupações gerais, cada vez mais identificada pela relação entre débito (custo de viver) e crédito (forma de financiamento proveniente de diferentes possibilidades).

Cada pessoa sabe, em geral, o custo de viver: gastos com moradia, alimentação, transporte, saúde, educação, lazer e outros. Diante do débito, inevitavelmente vem a busca pelo crédito, que nem sempre o trabalho realizado pela via tradicional da Era Industrial possibilita acessar. Assim, o débito para se viver vem acompanhado de formas alternativas de ganho de renda, que muitas vezes pouco tem a ver com a ideia de emprego assalariado, retrato da tradicional relação capital-trabalho.

As novas modalidades de labor se generalizam por incontáveis e criativas atividades. Uma delas provém do próprio endividamento, que é uma forma de financiamento dos débitos da vida diante da insuficiência do salário tradicional. Além do endividamento, o crescimento da obtenção de rendimento por meio de programas governamentais de transferência de renda, como o Bolsa Família e outros no Brasil, é notável. Há movimentos também na nova relação débito-crédito, inclusive com atividades laborais religiosas e outras ilegais, vinculadas ao crime organizado e/ou às milícias, especialmente nos grandes centros metropolitanos do país, conforme alertou Noam Chomsky no seu livro *Novas e Velhas Ordens Mundiais*.[7]

3.2 Para complementar: multipolaridade e democracia de massa

Desde o fim da Guerra Fria (1947-1991), um novo horizonte não se abria tão claramente. Um novo ciclo de investimentos e de crescimento econômico se insurge, comparável ao fim do segundo pós-guerra, quando a derrota do nazifascismo foi acompanhada pelos famosos trinta anos gloriosos do capitalismo. Assim, conforme teria ocorrido com a reconstrução europeia e com a reorganização do mundo pelo comércio e pela cooperação monetária, a liderança dos Estados Unidos, com o desmoronamento da URSS

7 CHOMSKY, Noam. *Novas e Velhas Ordens Mundiais*. São Paulo: Scritta Editorial, 1996.

em 1991, levaria ao novo salto organizativo do mundo, com inédito ciclo de expansão econômica.

Isso levou os membros do partido republicano dos Estados Unidos a sugerirem, para o século XXI, um tempo jamais visto antes no que tange à liderança mundial, como o próprio fim da História. O fato é que isso não ocorreu. O que se assistiu foi o indiscutível fracasso da unipolaridade conduzida pelos Estados Unidos desde 1991.

Por isso, o que se observa é uma certa semelhança com o período entre 1914 e 1945. Nesse período, a paz britânica de 100 anos, do fim das guerras napoleônicas (1815) até a Primeira Guerra Mundial (1914-1918), desapareceu com a decadência inglesa, provocando novas convergências mundiais.

A Primeira Guerra Mundial, de alguma forma, expôs a incapacidade da Inglaterra para conduzir e exercer o seu papel hegemônico, cuja longa decadência gerou um prolongado período de guerras e incertezas. Somente com a derrota nazifascista e com a reorganização bipolar do mundo gerou-se um novo sentido de convergência ocidental no Norte Global. Operada pelos EUA, com destaque para a reconstrução europeia com o Plano Marshall,[8] entre 1947

8 "O Plano Marshall (conhecido oficialmente como Programa de Recuperação Europeia) foi o principal plano dos Estados Unidos para a reconstrução dos países aliados da Europa nos anos seguintes à Segunda Guerra Mundial. A iniciativa recebeu o nome do Secretário de Estado dos Estados Unidos, George Marshall. Os estadunidenses deram ajuda econômica em valores que variam, a depender das fontes utilizadas, entre 12,6 bilhões a 14 bilhões de dólares na época, o equivalente a cerca de 100 bilhões de dólares em 2018, ajustado pela inflação. Este montante, deflacionado para 2020, corresponderia a cerca de 132 bilhões de dólares" (PLANO Marshall. *In*: Wikipédia, a enciclopédia livre. Flórida: Wikipedia Foundation, 2023. Disponível em: https://pt.wikipedia.org/wiki/Plano_Marshall).

e 1951, e forjada com o advento do acordo de Bretton Woods, em 1944, tal convergência reorganizou econômica, financeira e comercialmente o mundo capitalista.

A atualidade do primeiro quarto do século XXI guarda certa relação com o período de 1914 a 1945. Estamos diante de um mundo ainda sem um rumo próprio, com diferentes possibilidades abertas. Nesse sentido, destaca-se o papel crescente dos BRICS[9] a enunciar a emergência do Sul Global. A China pode vir a sustentar o seu próprio Plano Marshall, que se encontra ancorado no programa da "Nova Rota da Seda", no qual estão envolvidos mais de 150 países.

Vale abrir aqui uma explicação de que

> a Nova Rota da Seda (*New Silk Road*) ou Belt and Road Initiative (BRI), é um conjunto de programas de investimentos chineses, inicialmente focados em infraestrutura, lançado em 2013, pelo presidente Xi Jinping, que constitui uma grande plataforma de aplicação de investimentos em diversos setores produtivos. Provavelmente ele resulta de um projeto de globalização com características chinesas (Pautasso,

9 "O BRICS+ é um grupo de países de mercado emergente em relação ao seu desenvolvimento econômico. Trata-se de um acrônimo da língua inglesa que é geralmente traduzido como 'os BRICS+' ou 'países BRICS+'. O agrupamento começou com quatro países sob o nome BRIC, reunindo Brasil, Rússia, Índia e China, até que, em 14 de abril de 2011, o 'S' acrescido resultou da admissão da África do Sul (do inglês: *South Africa*) ao grupo. Em 1 de janeiro de 2024, Egito, Etiópia, Irã, Arábia Saudita e Emirados Árabes Unidos aderiram ao bloco como membros plenos, e assim mudando o nome de 'BRICS' para 'BRICS+'" (BRICS. *In*: Wikipédia, a enciclopédia livre. Flórida: Wikipedia Foundation, 2024. Disponível em: https://pt.wikipedia.org/wiki/BRICS).

Doria e Nogara, 2020) e certamente serve aos objetivos de desenvolvimento e segurança do país no longo prazo.

Naturalmente, o projeto de integração da Eurásia, sob liderança da China, além de ilustrar a redistribuição de poder mundial desde a década de 1970, gera tensionamentos com os Estados Unidos e seus aliados. Como evidência dessas disputas, os países do G7, em reunião de cúpula em junho de 2021, anunciaram a criação de um projeto "rival" da BRI, conhecido como Reconstruir um Mundo Melhor (Build Back Better World – B3W), cujo objetivo é mobilizar o setor privado para promover investimentos em infraestrutura no mundo em desenvolvimento.

Para conseguir seu intento, e com a finalidade de financiar os projetos BRI, a China mobilizou um grande conjunto de bancos públicos e comerciais. Também criou fundos específicos de financiamento, além de permitir e incentivar a participação de bancos multilaterais de desenvolvimento (BMD). Como resultado, houve também um significativo fluxo de capitais chineses, os quais têm potencial de afetar positivamente as economias hospedeiras dos projetos BRI, ainda que com a presença de contradições e efeitos colaterais desse movimento.[10]

---

10 MENDONÇA, Marco; LOPES FILHO, Carlos; e OLIVEIRA, Juliana. "A Nova Rota da Seda e a Projeção Econômica Internacional da China: redes de financiamento e fluxos de Investimento Externo Direto (IED)". *Boletim de Economia e Política Internacional – BEPI*, 31: 9-37, set./dez. 2021. Disponível em: https://repositorio.ipea.gov.br/bitstream/11058/11116/4/bepi_31_nova_rota.pdf.

Ademais, as primeiras

> Rotas da Seda eram uma série de rotas interconectadas através do sul da Ásia e eram usadas no comércio da seda entre o Oriente e a Europa. Os meios de transporte que rodeavam tais rotas eram as caravanas e embarcações oceânicas que faziam a ligação do Oriente e a Europa. No início, a rota ligava a cidade de Chang'an na China até Antióquia na Ásia menor, porém sua influência foi aumentando, chegando até a Coreia e o Japão, formando assim a maior rede comercial do Mundo Antigo. Essa rotas não foram importantes somente para o crescimento e desenvolvimento de regiões e de grandes civilizações, como o Egito Antigo, a Mesopotâmia, a China, a Pérsia, a Índia e Roma. Elas foram importantes também para fundamentar o início do mundo moderno.[11]

Por serem modelos em disputa, a ordem mundial estabelecida desde o fim da Segunda Guerra Mundial está bem esvaziada nos dias de hoje. As Nações Unidas têm grande dificuldade de conviver com a realidade atual, mais fragmentada geograficamente e heterogênea nos interesses nacionais.

A multipolaridade imaginada encontra dificuldades diante da profunda mudança de época. Nesse sentido, há as oportunidades de países do Sul Global, como a Índia e o Brasil, embora pareça ocorrer certo processo de desmoronamento dos Estados nacionais diante da violação da soberania dos dados e da perda de autonomia sobre as informações pessoais.

---

11 AUGUSTO, Pedro. "Rota da Seda". *Infoescola*, disponível em: https://www.infoescola.com/historia/rota-da-seda/.

O capitalismo é um sistema que produz riqueza de forma quase cega. Deixado desregulado, ele funciona como uma máquina também destrutiva. E, com isso, a debilidade dos Estados nacionais, que avançou com a segunda onda da globalização desde o final do século XX, faz preponderar o próprio esvaziamento da democracia.

A democracia de massa é uma conquista relativamente recente. Atualmente, ela convive com certas situações de descrédito. No passado, houve o relevante papel da indústria cultural ocidental, expressado pelo roteiro hollywoodiano do cinema, teatro, música e literatura, e que hoje tem sido (quase) ultrapassado pelas grandes corporações a difundirem a comunicação *online*. Vê-se, assim, que as notícias e mensagens circulam ultrarrapidamente, agindo como promotoras de uma emergente ideologia sobre a vida e o consumo hodiernos.

Capítulo 4

Desigualdade e subdesenvolvimento na Era Digital

A desigualdade – dimensão constituinte do projeto de modernidade ocidental – parte da reflexão de um problema latente ao longo de toda a Era Industrial, cuja trajetória tenderia a ser superior ao atraso representado pelo passado agrarista. Enquanto o desenvolvimento nas sociedades industriais expressaria a dimensão menos intensa possível da desigualdade, no subdesenvolvimento, inversamente, ela se manifestaria de forma muito mais profunda e extensa.

Nesse sentido, a temática da desigualdade, tratada como problema, estaria associada ao nível do desenvolvimento provável de ser alcançado no âmbito da Era Industrial – destaque importante trazido pelo protagonismo dos iluministas, assentado na centralização do conhecimento racional, que é próprio do projeto de modernidade ocidental.

Entre as principais contribuições do Iluminismo, destaca-se a promoção de um ideário de suplantação das desigualdades nas sociedades, pela garantia dos direitos naturais do indivíduo, como a liberdade e a livre posse de bens. Por meio da razão, a humanidade poderia sair das trevas em que se encontrava, submetida ao velho e violento agrarismo medieval, constituindo um inédito e moderno processo civilizatório (Elias, 1994).

As contradições dessa perspectiva não deixaram de ser expostas ao longo do tempo, a começar pela originária interpretação de Jean-Jacques Rousseau. Ele revelou, em 1755, no “Discurso sobre a origem e os fundamentos da desigualdade entre os homens", a natureza do processo gerador das desigualdades sociais e morais nas sociedades modernas.

Em síntese, Rousseau identificou a desigualdade como resultado da propriedade privada combinada ao anseio de superioridade de uns em relação aos outros. É um processo promotor de lutas incessantes, visando a dominação por meio da acumulação de poder e riqueza (Rousseau, 2008). Isso porque, nas antigas sociedades primitivas, a organização dos seres humanos se voltava ao atendimento das necessidades emergentes: procriação, proteção e alimentação. Mesmo com o surgimento e o crescimento da posse privada, o sentimento de insegurança se manteria, implícito à possibilidade da acumulação de bens.

Dessa forma, a ideia – e a crença – da superioridade de uns sobre os demais ajuda a caracterizar as sociedades modernas. As facilidades abertas aos poderosos viriam acompanhadas da ampliação do excedente econômico e da ociosidade, portadora, assim, de um sentido de vida diferente daquele proveniente da centralidade do trabalho. Decorrente, portanto, da acumulação de riqueza e propulsora de privilégios e comodidades especiais voltados a poucos.

Da mesma forma, a concretização do projeto de modernidade ocidental permitiu que fosse consagrado o eurocentrismo, enquanto um sentido universal da história. Consequentemente, acabou consentindo substituir o comportamento primitivo próprio das fragilidades da vida diante da força da natureza e da dependência mística e religiosa (Hegel, 1999; Kant, 2005). Com o avanço da Era Industrial, a natureza foi sendo dominada, assumindo uma condição menor. Foi compreendida como um mero recurso de uso e fonte ilimitados, voltado à produção de mercadorias. Os efeitos destrutivos sobre o meio ambiente somente foram mais bem compreendidos a partir do século XIX.

Mesmo com a inegável importância do ideário iluminista, a capacidade de reversão de problemas como a desigualdade, própria da modernidade da Era Industrial, iniciada ainda no final do século XVIII, mostrou-se variável e insuficiente. A esperança, no entanto, com o seu papel de manter viva a chama de um futuro superior, embora positiva e necessária, também não se mostrou capaz de reverter as condições estruturais pelas quais a desigualdade se produziu e se reproduziu ao longo do tempo. Isso porque a problemática da desigualdade não deveria se limitar a ser descrita pelas causas e consequências de sua existência. A sua reprodução e, sobretudo, as transformações a que foi exposta estariam associadas às alterações nas estruturas socioeconômicas ambientais próprias da Era Industrial.

Constata-se, todavia, que o patamar no qual se encontra a hierarquia de assimetrias, próprias da Era Industrial, apresenta, desde o final do século XX, contradições que decorrem do colapso do projeto de modernidade ocidental (Bauman, 2001; Harvey, 1992; Kurz, 2008). Ao mesmo tempo, o deslocamento do centro dinâmico do mundo do Ocidente para o Oriente estaria sendo acompanhado pelo desenho de um outro projeto de modernidade, perseguido pela marcha em andamento das transformações estruturais provenientes da Era Digital (Guimarães *et al.*, 2022; Jiping, 2021).

Diante disso, as páginas a seguir apresentam uma abordagem nova a respeito da problemática da desigualdade. Centra-se, principalmente, nos constrangimentos contemporâneos do projeto de modernidade ocidental. Com a emergente Era Digital, a desigualdade – filha do ideário iluminista, próprio do desenvolvimento das sociedades modernas industriais – tornou-se insuficiente, se não disfuncional, sobretudo quando se busca o seu enfrentamento no âmbito das sociedades pós-industriais.

A insistência em manter análises tradicionais sobre a desigualdade acaba colocando obstáculos ao debate, ao entendimento e, consequentemente, às ações mais adequadas para a sua superação – superação que, neste início da terceira década do século XXI, mostra-se crescentemente complexa. Na sequência, a situação brasileira será enfatizada como parte marcante de limitações próprias das interpretações e experiências de políticas públicas – políticas adotadas no horizonte periférico do sistema capitalista global.

4.1 Equívocos da concepção de superioridade na sociedade pós-industrial

Por ser apresentada como resultado de uma nova infraestrutura socioeconômica capitalista, a perspectiva teórica pós-industrial, inaugurada no final dos anos 1960, foi concebida como parte da trajetória evolutiva superior à Era Industrial. Da mesma forma que o longevo e primitivo agrarismo teria sido sucedido pelos avanços da Era Industrial, as hodiernas sociedades pós-industriais seriam uma continuidade sucessiva – mais avançada – no projeto de modernidade ocidental.

Assim, a transição de uma economia baseada na produção manufatureira para outra, assentada nos serviços, fundamentou o pensamento neoliberal que, a partir da década de 1970, dominou a tese de que a desindustrialização ocidental representaria uma sucessão sofisticada das antigas sociedades industriais para uma fase mais avançada, pós-industrial. A transformação tecnológica, geradora de profundas mudanças nos sistemas de comunicação e de gestão da informação, inauguraria uma etapa superior do capitalismo ocidental (Bell, 1973; Touraine, 1969).

Com o avanço das atividades econômicas ligadas ao setor terciário, as informações e os sistemas de transmissão delas se tornaram os fundamentos do novo progresso. Representam, assim, o papel que a geração de energia elétrica e o petróleo tiveram – a base pela qual a sociedade industrial avançou. Pela via das tecnologias da informação e comunicação, a estrutura social pós-industrial está assentada na centralidade do conhecimento como estruturador – e indutor – da riqueza e das ocupações das sociedades pós-industriais.

A natureza do poder muda. Manifesta-se, agora, pela disputa da posse em torno do conhecimento. Nas sociedades industriais, o poder associava-se à propriedade privada e ao capital financeiro (Drucker, 2015). A perda de participação relativa da produção industrial no Produto Interno Bruto (PIB) para os serviços resulta, assim, da transição para a sociedade pós-industrial, conforme a perspectiva de superioridade defendida por autores propulsores do neoliberalismo (Sefryn, 2020; Ward, 2014).

As transformações em marcha, observadas na estrutura ocupacional, concederiam à educação a condição necessária para impulsionar os processos de mobilidade social. Sua ocorrência aconteceria de maneira superior ao passado da Era Industrial, cuja classe dominante se fundamenta e se reproduz a partir da riqueza e do status assentados na herança. Pela educação, a ascensão de classe social estaria agora ancorada no mérito, no capital humano, mais valorizado do que o capital financeiro.

Pela perspectiva individual, o acesso a redes sociais e à conexão com informações permitiriam trajetórias exitosas no interior da estrutura de classes. Apesar da retórica otimista, a realidade prevalecente apontou o quanto a difusão econômica de postos de trabalho, nesta passagem da sociedade industrial para a pós-industrial, tem se amparado na baixa produtividade, cujos contratos temporários e por conta própria, sem proteção social, permanecem distantes de uma mobilidade social ascendente.

Nesse contexto, a proliferação de ocupações gerais, desconectadas dos sentidos de identidade e de pertencimento, desviou a tradicional relação salarial. Se, antes, decorreria da tradicional polarização capital-trabalho, típica da sociedade industrial, agora avança para uma relação nova, de débito-crédito, própria da pós-industrial. Diante do custo (débito) de vida, a participação salarial declinou em relação ao avanço das oportunidades de crédito. Estas são, em geral, derivadas de endividamento, doações filantrópicas, programas governamentais de transferência de renda, monetização das redes sociais, plataformas de aplicativos, apostas *online*, entre outras inovações.

Em sociedades pós-industriais, a relação débito-crédito se mostrou compatível com a canalização dos rendimentos para o processo de modernização do padrão de consumo, inclusive dos segmentos de menor poder aquisitivo. Tudo isso parece, portanto, compatível com a globalização, patrocinada pelos interesses das grandes corporações transnacionais, não obstante a significativa reorganização do sistema produtivo capitalista.

Por meio das cadeias globais de valor, a relação geoeconômica mundial foi sendo profundamente alterada. A antiga relação centro-periferia da Era Industrial foi desaparecendo diante da emergência de outra Divisão Internacional do Trabalho (DIT), assentada em poucos países produtores e exportadores de bens e serviços digitais. Os demais países se converteram em consumidores e importadores desses produtos, tornando-se cada vez mais dependentes da produção e da exportação de bens primários. Pela atual DIT, o novo centro dinâmico passou a reconfigurar a relação com a periferia mundial, tornando mais problemática a gestão da devastação ambiental ante o novo regime climático, o Antropoceno, com médias de temperatura mais altas.

Além disso, a ampla interconexão de informações e comunicações impactou profundamente a sociabilidade e o comportamento humano no interior das sociedades pós-industriais. De maneira geral, as relações sociais aprofundaram o grau de individualidade e solidão na esfera de convivência física, ao mesmo tempo que as imaterialidades comunicativa e informativa coletivas forçaram conexões espontâneas e de *curtoprazismo*.

As facilidades de acesso aos bens e serviços digitalizados, sem mais o imperativo de se apresentar de forma presencial, impactam acentuadamente as relações, a convivência humana. Com o crescente sequestro do tempo vivido pelo entretenimento comunicativo, parece ter havido certo rebaixamento cultural – uma inanição do nosso imaginário e da capacidade subjetiva humana. Isso fez crescer, com riscos maiores e de múltiplas dimensões, a subordinação à inteligência artificial, aos algoritmos, às guerras híbridas, à mudança climática, entre outros.

Tudo isso contribuiu para confirmar os equívocos da concepção original de superioridade na passagem para a sociedade pós-industrial. Ainda que os progressos técnico e científico tenham sido acelerados no tempo presente, a dependência e o esvaziamento da soberania entre nações ricas e pobres foram acompanhados por maior desigualdade e empobrecimento relativo, de multidões a viver sem destino perante a ruína das sociedades industriais.

Dessa forma, o projeto de modernidade ocidental permitiu manter o entendimento sobre a desigualdade enquanto problema descolado do princípio básico da convivência humana. Talvez por isso, a desigualdade seguiu sendo enfatizada como realidade meritocrática, diferente da igualdade e da justiça social.

A crítica à concepção da desigualdade, que decorre do ideário iluminista ainda dominante, se assenta na sua incapacidade de acompanhar a mutabilidade das formas de sua produção e reprodução ao longo do tempo. Com isso, há o crescente distanciamento das possibilidades de alteração profunda e radical nas estruturas da desigualdade, fazendo predominar a rigidez das instituições e da prevalência cultural, mesmo diante dos sinais da mudança histórica de época, notadamente presente na passagem da Era Industrial para a Digital.

Isso porque a desigualdade se afirma como um complexo obstáculo ao desenvolvimento humano pleno. No balanço atual sobre a sociedade pós-industrial, pode-se constatar o quanto a promessa de superioridade em relação à sociedade industrial não se realizou, mas, ao contrário, criou mais desigualdade, numa sistemática produção de assimetrias que sugere estar cada vez mais distante da formação do que se pode conceber como sociedades civilizadas.

A diferenciação entre sociedades e intra-sociedade é aprofundada pelo neoliberalismo da individualidade competitiva, não cooperativa, reforçada pelo esforço de legitimação do projeto de modernidade ocidental. Ainda que possam se apresentar colapsadas, as desigualdades de classes e de outra natureza, produzidas no âmbito da Era Industrial, se ampliaram na passagem para a sociedade pós-industrial, inclusive com o avanço dos processos de digitalização social e datificação econômica.

O horizonte exposto pela desigualdade deveria ser enfrentado em novas bases, rompendo com o projeto de modernidade ocidental que, por séculos, assenta-se em economias de guerra e destruição ambiental. Em pleno começo do século XXI, o centro dinâmico do mundo se desloca para o Sul Global, o que tem gerado inédita oportunidade para um outro projeto civilizatório.

Como se sabe, desde o estrangulamento do comércio entre o Oriente avançado e a primitiva Europa, na metade do século XV, quando ocorreu a queda de Constantinopla, o projeto de modernidade ocidental emergiu, fundamentado na economia de guerra e no uso da natureza como mero recurso ilimitado. O aparecimento das armas de fogo e o seu uso difundido por impérios ocidentais da época coincidiram com a própria constituição inicial do mercado mundial.

A integração de diferentes continentes (escravizados da África, minérios e *plantation* da América, e consumo de mercadorias na Europa) se tornou possível mediante a formação do sistema colonial europeu. Por três séculos (do XVI ao XVIII), o colonialismo permitiu a difusão de valores associados à extração de riquezas dos territórios ocupados por civilizações originárias. Estas compreendiam a natureza a partir de um modo de vida diferente daquele imposto pelo colonizador.

A partir do final do século XVIII, as lutas anticoloniais permitiram a formação de nações independentes, porém integradas e subordinadas à continuidade do projeto de modernidade ocidental. Mesmo com a superação do velho colonialismo, o novo sistema hierárquico capitalista se tornava dominante em um mundo crescentemente assentado na economia de guerra e de extração da natureza.

No século XX, as duas guerras mundiais revelaram o potencial poder destrutivo da humanidade pela sofisticação das armas de fogo, especialmente em sua fase nuclear. Mesmo com o fim da Guerra Fria, os anos dourados do projeto de modernidade ocidental, conforme verificado após a derrota do nazifascismo em 1945, terminaram não ocorrendo.

Nos últimos cinco séculos, a perspectiva ocidental de modernidade se consolidou pela força das armas de fogo e pela indústria cultural, centrada na concepção universal determinada pelo Norte Global, trazida pelo Iluminismo – um projeto de modernidade que separou o modo de vida humano da convivência com a natureza, transformada à exaustão como simples fator de produção de uso ilimitado. Ao mesmo tempo, o projeto de modernidade ocidental resultou na ocultação e (por que não expressar?) no extermínio de antigas civilizações, formadas por povos originários com saber e modo de vida compatíveis com a natureza. Os problemas que hoje afligem o mundo, como as guerras, a mudança climática, as crises virais, entre outros, estão diretamente relacionados aos limites do projeto de modernidade ocidental.

Neste começo da terceira década do século XXI, o deslocamento do centro dinâmico do mundo do Ocidente para o Oriente tem sido acompanhado pelo aparecimento de novos pressupostos de modernidade, distintos do norte-centrismo global. O conhecimento que produzem e a difusão deles no mundo se tornam fundamentos necessários, indo além da esfera econômica e, sobretudo, da comercial.

Outra cultura de convivência com a diversidade dos povos deve emergir, especialmente com as especificidades da natureza, constituída pela nova participação político-democrática que a Era Digital possibilita. Mesmo não reconhecida plenamente, a digitalização das sociedades contempla alternativas à dimensão da cidadania. Ultrapassa-se a velha concepção de participação política exercida, exclusivamente, pela presença física e pelo protagonismo humano.

Novos sujeitos, para além da ação humana, tornaram-se decisivos, como a biosfera, a mudança climática, a natureza, os vírus etc. Da mesma forma, as crescentes possibilidades tecnológicas, convertidas em partes da indumentária humana (luvas, óculos e artefatos em geral), fazem da conectividade com o mundo virtual o campo estendido e complexo da nova vida política democrática.

A esperança reside na construção de outra ordem internacional, fundamentada na tradicional democracia política, que não seja a repetição do passado de domínio ocidental. Muitas vezes, foi-se incapaz de reconhecer a igualdade e a soberania entre os povos como a unidade necessária para o desenvolvimento de um futuro comum. Para tanto, as economias de guerra e da destruição ambiental, próprias do domínio da centralidade do Norte Global nos últimos cinco séculos, precisam urgentemente ser substituídas por um novo projeto de modernização. Do contrário, a marcha atual da insensatez tende a se prorrogar, cancelando o futuro em torno do protagonismo das emergências do presente. Tem sido assim a perspectiva que vai se consolidando neste primeiro quarto do século XXI, com sinais crescentes de convivência e de naturalização das desigualdades que podem ser associadas à nova Era Digital.

Isso porque, na sociedade pós-industrial, parece prevalecer a conformação de uma classe social de domínio econômico, político e cultural global a inviabilizar os contrapesos, que existiam em relação às assimetrias sociais vistas até mesmo durante a Era Industrial. Diante das novas dimensões de desigualdade, a nova classe de domínio global se distingue pela imposição de uma hierarquia social amparada em agrupamentos fechados no interior da Era Digital (Kotkin, 2020; Roth, 2021).

Como se fosse recuperar do passado o perfil de estamento social, percebe-se que, no plano global, novas assimetrias, próprias do modelo de negócios da datificação, passaram a assumir, nos espaços digitais, o papel de subordinação de multidões de indivíduos e de instituições dependentes da produção e circulação de informações. Por isso, a cosmovisão que emerge do neotecnofeudalismo é favorável à reprodução de uma espécie de "senhores feudais" controladores de *big data* e comandantes de multidões, a operar o trabalho imaterial desregulado das plataformas digitais.

Ao longo das sociedades industriais, o domínio de uma classe social sobre outras não se apresentou inédito. Por isso, é necessário o reconhecimento de que, na sociedade pós-industrial, ocorre a reprodução de novas esferas de desigualdade, comprometedoras de movimentos e ações em defesa da igualdade. Até então, a ordem de hierarquias respondia ao padrão das desigualdades patrimoniais, de privilégios e de poder (Bourdieu, 2014; Durand, 2020; Marshall, 1979).

No contexto da sociedade pós-industrial, o aparecimento de novas dimensões da desigualdade, reforçado pelas assimetrias associadas à dependência da Era Digital, pressupõe o repensar do atual padrão de entendimento e de ações de políticas públicas voltadas à inclusão social. Para além do paradigma teórico que problematiza a desigualdade nas esferas sociais, há o reconhecimento que emerge da nova complexidade a se impor sobre a realidade própria da Era Digital.

Por isso, é necessária a crítica sobre as tendências humanas decorrentes da utilização de recursos insustentáveis, responsáveis pela promoção do próprio colapso do projeto de modernidade ocidental. Sob o domínio da riqueza acumulada e da desigualdade aprofundada na Era Digital, há a percepção de que a mudança de época requer a radicalização do entendimento acerca da forma como o capitalismo destrói a sociedade industrial e cria a sociedade pós-industrial.

4.2 Gestão estatal dos condenados pela ruína da sociedade industrial no Brasil

O projeto republicano que veio à tona a partir da década de 1860, conforme o Manifesto do Partido Republicano tornado público em 1870, partiu da necessidade da implementação de um conjunto de reformas modernizantes, inviável de ocorrer durante o período imperial (1822-1889) e conduzido pela elite situada no Rio de Janeiro. Para tanto, o "são paulismo" se impôs como centralidade econômica, política e cultural regional, sob o lema positivista da aceleração do progresso material, a concretizar a nova ordem hierárquica interna no país em transição para o domínio capitalista.

Sob a condição periférica posta em marcha desde os anos 1890, o capitalismo se impôs nascente e crescentemente dominante, tendo por futuro do presente a condição de subdesenvolvido, fortemente condicionado pelo peso das marcas do passado. Em adição ao subdesenvolvimento e à dependência externa, a passagem do longevo e primitivo agrarismo para a sociedade industrial contemplou duas fases distintas no Brasil.

A primeira, relacionada ao capitalismo ainda nascente, transcorreu constitutiva de enclaves urbanos localizados próximos das regiões litorâneas. Ela foi fortemente impulsionada pela reprodução do modelo primário-exportador herdado do período imperial. Submetido à primeira onda de globalização capitalista, liderada pela Inglaterra (1870-1914), o Brasil conseguiu formar o mercado de trabalho livre. Mas isso ocorreu fundamentalmente no meio urbano e em poucas regiões, especialmente no centro-sul, que conteve significativa presença de mão de obra imigrante e exclusão dos trabalhadores negros e dos miscigenados, oriundos do período escravista. No campo, onde predominava a maior parte das ocupações, as relações de trabalho pouco avançaram em relação às condições forçadas de labor (Barbosa, 2008; Pochmann, 2001).

Cabe acrescentar que, em grande parte das regiões geográficas, especialmente no interior do país, prevaleceu a presença de ampla parcela da população rural sobrante das atividades tipicamente capitalistas. Na condição de agregados sociais, ou como massas inorgânicas à dinâmica capitalista, somente uma parcela relativamente pequena e situada no andar de cima da sociedade brasileira participava do que havia de Era Industrial da época, pois era conectada somente por importações.

Pelo funcionamento do Estado liberal mínimo, vigente no regime político da República Velha (1889-1930), a questão social que ganhava expressão seria considerada, fundamentalmente, como casos de polícia a serem repreendidos com vigor físico e violência. Em contrapartida, o país convivia com a formação do sistema jagunço, organizado pelo fanatismo religioso e pelo banditismo social, sobretudo nas regiões interioranas do país (Cunha, 1984; Prado Júnior, 2008; Vasconcelos, 2002).

A segunda fase constitutiva da sociedade industrial esteve associada ao processo de modernização capitalista, possível a partir da Grande Depressão de 1929, ao fim da Guerra Fria, quando ocorreu o interregno da primeira onda de globalização liderada pela Inglaterra. Sob o domínio do ciclo dinâmico de acumulação capitalista, liderado pelos Estados Unidos, o Brasil conseguiu transitar do antigo modelo econômico primário-exportador para o projeto de industrialização e urbanização nacional, assentado, inicialmente, na substituição das importações.

Mesmo com a Revolução de 1930, predominaram constrangimentos que decorriam, externamente, da força do imperialismo e centrismo dos países do Norte e, internamente, da violência e do conservadorismo praticados pelas elites agrárias e pelo patronato urbano. Assim, a pauta reformista foi sendo continuamente postergada por força de regimes antidemocráticos, especialmente quando emergia como oportunidade histórica de ser realizada.

O resultado foi a consolidação do capitalismo industrial tardio selvagem, assentado em massas sociais empobrecidas e em ampla desigualdade. O intenso e descontrolado fluxo migratório do campo à cidade tornou o processo de urbanização dominante, com ampla periferização da população deslocada do interior para as metrópoles situadas nas regiões litorâneas (Lefebvre, 1999; Maricato, 1982; Marques e Torres, 2005; Santos, 1993).

Movida pela centralidade do emprego formal, portador da cidadania regulada por acesso aos direitos sociais e trabalhistas, a ascensão social foi intensa, ainda que profundamente desigual. Sob a modernização do capitalismo tardio, assistiu-se ao crescimento econômico de características selvagens, protagonizado pela passagem da economia de especialização primário-exportadora para o modelo de substituição de importações, inicialmente constitutivo do sistema produtivo complexo, diversificado e integrado nacionalmente.

Todavia, com o ingresso passivo e subordinado na globalização liderada pelos Estados Unidos, a partir do início dos anos 1990, o Brasil caracterizou-se pela transição para a sociedade pós-industrial, demarcada pela regressão econômica com fortes e negativos impactos desestruturadores da sociedade. Desde então, a ruína da sociedade industrial tem sido acompanhada pelo aprofundamento do subdesenvolvimento e da dependência externa, capazes de produzir e reproduzir a desigualdade em dimensões pouco conhecidas até então, pelo uso do tradicional arcabouço teórico disponível.

O esvaziamento do dinamismo econômico resultou na geração de multidões de sobrantes dos requisitos das atividades tipicamente capitalistas, cada vez mais submetidas ao novo sistema jagunço urbano, conformado pelo fanatismo religioso e pelo banditismo social. Isso porque o conceito positivista de progresso material, assentado na sua aceleração como base no ordenamento hierárquico do capital, foi perdendo sentido com o desmoronamento da sociedade industrial.

As classes sociais estruturantes do capitalismo tardio, como o operariado e a burguesia industrial, sofreram profunda metamorfose. Enquanto a burguesia industrial se converteu em rentista, comerciante de produtos importados ou exportadora de produtos primários, o operariado da manufatura foi sendo deslocado das atividades tipicamente capitalistas para as ocupações informais e, por conta própria, às atividades das economias popular e de subsistência.

Por ser o elo frágil da reprodução global do sistema capitalista, os limites periféricos do progresso material no Brasil se aprofundaram nas perversas perspectivas associadas ao colapso do projeto de modernidade ocidental, cuja fratura social deixou de ser especificidade periférica. A retaguarda das "vantagens do atraso" do passado assumiu a vanguarda pela qual as referências teóricas da modernização e do desenvolvimentismo perderam sentido prático.

O diagnóstico de época se tornou fundamental enquanto reflexão acerca dos indícios crescentes do cancelamento da modernização capitalista ocidental, uma vez que o presente foi sendo apresentado como prelúdio de um passado em que, sob o impasse da ausência do progresso, multidões de sobrantes seguem sem o horizonte do destino superior. As ocupações disponíveis se deslocaram do eixo temporal, que se conectava ao horizonte de um futuro melhor, passando a estar vinculadas à estagnação ou à regressão social, própria da ausência do progresso material de inspiração desenvolvimentista.

A reafirmação da marginalização e a desagregação social, produzidas em grande escala e em novas bases estruturais, constituem uma nova faceta dos agregados sociais da atualidade urbana brasileira, a impor reação conservadora do estado de exceção permanente. O congestionamento econômico contemporâneo brasileiro tornou o desenvolvimentismo peça de um passado distante, a enfrentar os históricos problemas estruturais da sociedade industrial em conformação.

O monstrengo social em construção com a ruína da sociedade industrial faz desaparecer o subdesenvolvimento tradicional, substituído pelas emergências das calamidades continuamente esvaziadoras das esperanças políticas do regime democrático. Sob o receituário neoliberal, o antagonismo do passado desenvolvimentista deu lugar às apostas na conciliação, quando a retórica dos vencedores se transforma em alívio ao sofrimento sem fim das multidões sem destino.

Enquanto sujeitos monetários, mas sem dinheiro, as multidões passaram a ser desconectadas da perspectiva salarial proveniente da relação capital-trabalho. Em seu lugar, ganhou expressão a relação débito-crédito, compatível tanto com as lógicas capitalistas do trabalho em plataformas digitais, como com as ocupações distantes das atividades tipicamente capitalistas – por exemplo, a economia popular e de subsistência.

Diante do custo de vida definido pela ordem urbana, cabe a estratégia da sobrevivência nas ações de crédito operadas por variadas formas. Pelo rebaixamento e pela precarização das ocupações de natureza geral, próprias do modelo econômico primário-exportador, impulsionador de atividades econômicas de baixa produtividade, avança a flexibilidade em funções complementares, legais ou não integradas ao sistema jagunço, bem como dependentes da transferência de renda pública, do endividamento, entre outras.

Nesse sentido, o cenário de aparente ausência de classes sociais e de frações parece resultar das relações difusas de trabalho. Ao comprometerem a identidade e o pertencimento coletivo, terminaram por desfavorecer a atuação das tradicionais instituições de representação de interesses, próprias da sociedade industrial (associações, sindicatos, partidos políticos).

Observa-se, assim, como as classes sociais subalternas tendem a se reproduzir enquanto multidões dispersas nas regiões litorâneas, quase sempre sem horizonte de destino. Em plena sociedade pós-industrial, que resulta da desmontagem do progresso burguês gerador da Era Industrial, tornou-se cada vez mais frustrante o projeto de modernidade ocidental almejado desde a segunda metade do século XIX, conforme indicado pelo Manifesto do Partido Republicano – uma perspectiva de modernidade que se perde da perspectiva ambivalente das classes dominantes no Brasil, capaz de projetar-se no âmbito da condição periférica do sistema capitalista global. Daí o aparecimento de agregados sociais de nova natureza, que, guardada a devida proporção, recupera a dimensão da sociedade do passado, descolada do projeto de modernidade ocidental.

4.2.1 Reversão no projeto de sociedade salarial: do crescimento sem redistribuição à redistribuição da renda sem crescimento econômico

A passagem do primitivo e longevo agrarismo para a sociedade industrial, no Brasil, foi constituída a partir do projeto tenentista de conversão da enorme massa sobrante e inorgânica ao capital no campo em proletários urbanos com cidadania regulada (Cardoso, 2010; Gomes, 1988; Santos, 1979). Com mais de três séculos de profunda desvalorização do trabalho durante o regime da escravidão, e sem que fosse revertido profundamente durante o capitalismo nascente e herdado da República Velha (1889-1930), o projeto de sociedade salarial somente conseguiu emergir por força da Revolução de 1930.

O processo acelerado de modernização verificado entre as décadas de 1930 e 1980 permitiu estruturar as classes sociais básicas do capitalismo tardio, ainda que submetidas aos limites do conservadorismo político e dos regimes autoritários do Estado Novo (1937-1945) e da ditadura civil-militar (1964-1985). Por força disso, a vitalidade econômica se estabeleceu perseguida por intenso movimento migratório do campo para a cidade, demarcada pelo urbanismo disforme e periférico.

Naquela oportunidade histórica, o enfrentamento da desigualdade se encontrava submetido ao ideário de superação do subdesenvolvimento, consagrado pelo ideário da centralidade do emprego assalariado formal, por sua vez definidor do padrão de cidadania regulado pelo acesso aos direitos sociais e trabalhistas. Em mais de meio século, a sociedade brasileira se transformou profundamente, e seu avanço material transcorreu associado ao aprofundamento das assimetrias sociais, econômicas, políticas, culturais, regionais e de infraestrutura. Desde o ingresso passivo e subordinado do Brasil na globalização, o projeto de sociedade salarial foi profundamente abalado. Com a adoção do receituário neoliberal, a economia nacional perdeu vigor, sucedida pela ruína da sociedade industrial e pela secundarização do enfrentamento do subdesenvolvimento.

Com isso, o problema da ocupação se apresentou destoante da centralidade do emprego assalariado formal, sendo a concepção de cidadania regulada por direitos sociais e trabalhistas, e substituída pelo acesso ao consumo privado por mecanismos de transferência de renda vinculados às políticas de alívio da pobreza. Nessas condições, as classes sociais configuradas até então sofreram o processo de "desclassamento", próprio da geração e da expansão de multidões de brasileiros sobrantes dos requisitos de funcionamento das atividades econômicas tipicamente capitalistas.

Desde o final do século XX, o capitalismo brasileiro apresenta trajetórias contraditórias. As décadas de 1970 e de 2010 servem de exemplos extremos: nos anos 1970, o vigor do crescimento econômico ocorreu desacompanhado do processo de redistribuição da renda nacional; nos anos 2010, o fatalismo do decrescimento do PIB *per capita* aconteceu com alguma equidade redistributiva. Em plena década de 1970, pela expansão média anual do PIB *per capita* de 5,8%, seguida do crescimento das exportações ao ritmo de 22% ao ano, a taxa de desemprego aberto se manteve estabilizada abaixo de 3% da força de trabalho.

Essa constatação, a partir de dados oficiais, contrasta profundamente com o desempenho do capitalismo verificado na década de 2010. Nos anos desta década, por exemplo, as exportações registraram variação positiva de apenas 0,4% como média anual, enquanto o PIB *per capita* decresceu 0,5% ao ano. Em função disso, a taxa de desemprego aberto foi multiplicada por 2,6 vezes, passando de 5,3% em 2010 para 13,9% da força de trabalho em 2020.

Diante do disparate na performance econômica evidenciada nessas décadas, as consequências sociais para o país não foram tão acentuadas, especialmente na desigualdade de renda e na pobreza. Na década de 1970, por exemplo, a taxa de pobreza regrediu 48,4%, declinando de 68,4% da população, em 1970, para 35,3% dos brasileiros, em 1980. Em termos absolutos, a população considerada pobre em 1970, estimada em 61,1 milhões de brasileiros, encolheu para 41,3 milhões de pessoas em 1980, ou seja, a queda acumulada de 32,4% na década de 1970 – o que correspondeu à saída de 19,8 milhões de pessoas da condição de pobreza.

No mesmo período de tempo, o grau de desigualdade na distribuição de renda, medida pelo índice de Gini, sofreu elevação, indicando a concentração dos ganhos do crescimento econômico no segmento dos mais ricos. Tanto assim que a medida de desigualdade aumentou 3,8%, tendo o coeficiente de Gini passado de 0,57, em 1970, para 0,59, em 1980.

No caso da década de 2010, a taxa de pobreza foi reduzida em 66,2%, pois declinou de 13,6% do total de brasileiros, em 2010, para 4,6% da população, em 2020. Os 16,1 milhões de habitantes que passaram a deter rendimento acima da linha da pobreza equivaleram à queda acumulada de 62,2% no contingente de pobres no país, durante a década de 2010. Em resumo, o estoque de pauperizados declinou de 25,9 milhões de habitantes, em 2010, para 9,8 milhões de brasileiros, em 2020. Sobre a desigualdade de renda, pode-se registrar a prevalência da estabilidade no índice de Gini: tanto em 2010 como em 2020, a medida de desigualdade de renda no Brasil ficou estacionada em 0,53.

Mesmo com o desempenho econômico desfavorável, verificado pelo encolhimento da renda nacional por habitante, a pobreza diminuiu e a desigualdade de renda ficou estabilizada na comparação do ano de 2010 com o de 2020. O diferencial em relação à performance econômica na década de 1970 foi o conjunto das políticas públicas de redistribuição de renda, que, somente em 2020, incluía cerca de 40% da população brasileira receptora de benefício monetário diretamente do orçamento público federal.

Na década de 1970, por exemplo, o país não registrava nem mesmo 3% do total da população beneficiada por políticas públicas de transferência de renda. Isso porque, junto do estado de exceção imposto pela ditadura civil-militar (1964-1985), prevalecia no Brasil, pelo menos até a Constituição Federal de 1988, o projeto de sociedade salarial assentado no conceito de cidadania, e regulado por direitos sociais e trabalhistas assegurados pelo acesso ao emprego com carteira assinada.

Assim, o emprego formal detinha centralidade no atendimento das políticas públicas (saúde, aposentadoria, pensão e outros). A ênfase de então no crescimento econômico era a chave para aquela época no enfrentamento de graves problemas sociais, como o desemprego, a pobreza e a desigualdade de renda.

O avanço no redistributivismo, a partir da Constituição de 1988, permitiu ampliar e alavancar o conceito de cidadania no Brasil. Para além do emprego formal, prevaleceu o movimento de universalização do acesso público à educação fundamental, à saúde e às inciativas assistenciais, incluída a garantia de renda, independente da centralidade no trabalho.

Por conta disso – e mesmo diante do avanço da taxa de desemprego aberto, especialmente numa economia sem dinamismo para crescer na década de 2010 –, a pobreza pode ser contraída sem a elevação do grau de desigualdade da renda. Nesse pêndulo da trajetória capitalista extrema, conforme identificada nas décadas de 1970 e 2010, o país não se estruturou suficientemente para reduzir a distância que separa o Brasil que realmente é do Brasil que poderia vir a ser.

4.2.2 A GESTÃO ESTATAL DAS EMERGÊNCIAS

A derrota imposta ao movimento das Diretas Já, em 1984, circunscreveu a transição política para a democracia nos limites do colégio eleitoral definido pela ditadura civil-militar. Com isso, a agenda de reformas, conforme antecipada pelo documento "Esperança e Mudança", de 1982, foi abandonada. Tanto assim que as eleições de 1986 não foram chamadas para a elaboração exclusiva da nova Constituição. Embora cidadã, conforme muito bem definida por Ulysses Guimarães, a Constituição de 1988 foi dirigente, mas dependeu de sua regulamentação, a ser realizada posteriormente, sem garantias de sua efetiva implementação, a depender das vontades do Centrão.

Ao mesmo tempo, a combinação imposta pela reestruturação no centro do capitalismo mundial, especialmente a partir dos EUA ao longo da década de 1980, com o fim da Guerra Fria acabou por esvaziar as possibilidades de continuidade do desenvolvimento na periferia capitalista. Se adicionarmos, ainda, a forma malfeita com que o Brasil aderiu à globalização neoliberal desde 1990, chega-se, assim, às razões que levaram à ruína da sociedade industrial no país.

Naquele cenário, o papel do ciclo político da Nova República (1985-2016) se moveu em direção a diferentes fases da gestão da barbárie – barbárie que resultaria da decadência da estrutura produtiva e, por consequência, do desemprego, das subocupações e da imobilidade social que se seguiram à desestruturação da incompleta sociedade industrial. A primeira fase decorreu do acordo político, em 1988, que viabilizou a Constituição cidadã, colocando para o Estado a centralidade das ações de promoção e proteção social (seguro-desemprego, universalização da previdência social, transferência direta de renda, entre outras inovações institucionais).

A segunda fase transcorreu a partir dos anos 1990, com a regulamentação neoliberal da Constituição de 1988. Para tanto, o Estado foi submetido ao modelo gerencialista, que transferiu para o setor privado, através de terceirização, privatização e organizações não governamentais (ONGs), o compartilhamento da gestão da barbárie na forma de novos negócios.

Uma espécie de governo dentro do governo passou a operar no Brasil, dirigindo parte do gasto público e suprimindo, por consequência, a soberania popular sobre políticas públicas por meio de Organizações da Sociedade Civil de Interesse Público (OSCIPs), ONGs, igrejas, e até por meio do crime organizado e das milícias. Além disso, o poder econômico privado foi se travestindo, cada vez mais, em poder político, cujos interesses diretos assumiram maior peso eleitoral e domínio sobre o legislativo.

A terceira fase emergiu das inéditas atividades do parlamento brasileiro, que passou a assumir as funções de gestor e fiscalizador do gasto público. Isso porque o avanço nas várias formas de emendas parlamentares, inclusive no chamado orçamento secreto, concedeu aos parlamentares a função de gestores de uma parcela crescente do orçamento público. Em associação com instituições públicas e, sobretudo, privadas, grande parte dos representantes do poder legislativo nos três níveis (federal, estadual e municipal) passou a manter relações diretas e crescentes do gasto público com os votos necessários para manter a reprodução dos próprios mandatos. Com isso, deu-se a rápida transformação do parlamento em Câmara Federal de vereadores, concentrada nos problemas locais de suas bases políticas e cada vez mais deslocada das questões nacionais.

A quarta fase da gestão da barbárie, gerada pela ruína da sociedade industrial, provém da ação armada de interesses dos negócios dominados pelo crime organizado e pelas milícias. Dado o controle que passou a deter sobre as populações vulneráveis, a gestão da barbárie parece seguir a força da violência patrocinada pelo fuzil. A recente ampliação das regras para aquisição de armas e munições parece confirmar o quanto a dramaticidade da barbárie brasileira deslocou-se de sua gestão do Estado, cada vez mais próxima do setor privado tradicional. Em alta, o poder do novo sistema jagunço foi se alastrando no meio urbano, especialmente nas áreas metropolitanas litorâneas, cada vez mais sem dinamismo econômico, comandadas pela convergência do banditismo social com o fanatismo religioso.

4.3 Os limites do Estado Centauro

A reforma do Estado produzida pelo receituário neoliberal se mostrou compatível com as exigências de ingresso passivo e subordinado do Brasil na globalização, a partir de 1990. Com isso, a herança da administração pública moderna, concebida pelo desenvolvimentismo dos anos 1930 aos 1980, foi submetida tanto à força do dinheiro como ao patrimonialismo eleitoral.

A exitosa retórica anti-*big government*, disparada pelos porta-vozes do dinheiro, serviu *ad nauseam* para o enfraquecimento da resistência do serviço público e de sua tecnocracia desenvolvimentista. Simultaneamente, o avanço da cultura privatista terminou substituindo o atendimento ao público, enquanto exercício de cidadania, por renovadas práticas de clientelas próprias do patrimonialismo eleitoral. Para tanto, a emergência de uma nova tecnocracia antidesenvolvimentista, e de mentalidade neocolonial, somente se mostrou possível através da contratação pelo setor público de escolas privadas, pagas a "preço de ouro" para a "deformação" de especialistas que tendem a saber cada vez mais de coisa nenhuma. Exemplos disso abundam no interior do conjunto das elites dirigentes nos três poderes da República – conjunto que foi capaz de contrapor o projeto do desenvolvimento nacional pela via da regressão neocolonial (Pochmann, 2021).

Nesse sentido, deu-se a configuração do Estado Centauro, cuja cabeça dirigente, forjada pelo neoliberalismo, se voltou prioritariamente ao atendimento de interesses do rentismo financeiro e dos proprietários dos recursos naturais atrelados à exportação. O resultado foi a ascensão do poder econômico, a conduzir políticas públicas predominantemente orientadas à privatização do setor produtivo estatal e à inoculação da lógica gerencialista no interior da administração pública. Além disso, a prática recorrente de governos nos pagamentos de juros, tanto do endividamento público quanto das desonerações e isenções fiscais, favoreceu acentuadamente o andar de cima da sociedade. Assim, os ricos, poderosos e privilegiados absorveram do orçamento público o equivalente, em média, a 12% do PIB desde os anos 1990.

No Estado Centauro brasileiro, a cabeça e os membros superiores assumiram a feição neoliberal. Na sustentação do processo de monopolização de benefícios aos ricos, o Brasil passou a gerar crescente população sobrante dos interesses dominantes das atividades econômicas tipicamente capitalistas. Em consequência, a configuração de multidões de brasileiros sem destino no interior da sociedade permitiu recuperar a ação renovada e recorrente do patrimonialismo eleitoral. Diante da subordinação da esfera política ao poder econômico, o processo eleitoral se viu crescentemente contaminado pela lógica mercantil, operada por sistema partidário de maioria fragmentada e impulsionadora de intensa instabilidade governamental.

Nesse contexto, o soerguimento de amplo corpo do Estado Centauro se mostrou estratégico para a produção de *best practices* na gestão das multidões sobrantes e sem destino em profusão no país. Ao contrário de sua cabeça neoliberal, o corpo do Estado Centauro operou expandindo o gasto público nas ações de emergência social para o andar de baixo da sociedade, por meio de duas diferentes frentes governamentais.

A primeira, mais ampla e perceptível politicamente, foi a inédita incorporação no fundo público de amplas parcelas da população empobrecida. Em 2020, por exemplo, cerca de 40% dos brasileiros faziam parte de algum programa de transferência de renda do governo federal, enquanto em 1985 não chegava a 3% da população. O significativo e exitoso processo de monetização dos pobres se mostrou fundamental para o importante alívio do sofrimento de ampla parcela da base da pirâmide social. Ao mesmo tempo, a modernização no padrão de consumo dos pobres esvaziou a prioridade formativa da cidadania política, permitindo a ascensão do fanatismo religioso e do banditismo social. Sem que a estrutura produtiva tivesse sido recomposta, o país passou a depender de importações crescentes de bens e serviços e de intermediários ao consumo popular. De maior valor agregado e conteúdo tecnológico, as compras externas favoreceram a geração de melhores empregos no exterior, restando ao mercado interno a generalização de ocupações de baixa produtividade e rendimento, equivocadamente vistas, inicialmente, como a "ascensão brilhante" de uma nova classe média.

A segunda frente governamental pertencente à configuração do corpo do Estado Centauro permaneceu secundarizada e pouco conhecida, embora eficiente na atuação sobre as multidões sobrantes e sem destino. O processo de encarceramento massivo e de violência extrema se consagrou pela absurda evolução na taxa de homicídios, que expressou o perfil de atuação estatal sobre a parcela mais rebelde do andar de baixo da sociedade (Wacquant, 2003): de um lado, a passagem de um país que detinha baixo índice de encarceramento até os anos 1980, para assumir, mais recentemente, a terceira posição no *ranking* mundial de população encarcerada; de outro, a prevalência de 40 mil a 50 mil assassinatos oficialmente registrados em média por ano – o que, ainda subestimado, não deixa de apontar uma espécie de "guerra civil contra pobres insurgentes" no país.

Diante de tudo isso, cabe destacar que, neste primeiro quarto do século XXI, a hegemonia neoliberal se encontra crescentemente desgastada. Mesmo que a força do dinheiro e do patrimonialismo eleitoral continue a exercer papel ativo, o Estado Centauro revela a sua paralisia funcional enquanto "compra de tempo" necessária a postergar a ruptura com o atual cenário nacional.

A reconfiguração do Estado Centauro brasileiro é urgente e impostergável. Isso é evidente, pelo menos para quem acredita que há, na profunda assimetria entre a cabeça e o corpo do Estado, gigantesca dissonância com a democracia, o desenvolvimento sustentável e a justiça social.

4.4 Para complementar: o futuro descuidado

O Brasil parece ter desaprendido de cuidar do seu futuro. Prisioneiro do neoliberalismo, segue consumido pelos impasses e emergências do *curtoprazismo*.

São vários anos de uma economia em rumo descendente, que passou da sexta maior do mundo para a décima terceira posição no *ranking* global. Mas isso não significa que tudo tenha sido retraído, uma vez que a transformação da estrutura produtiva industrial brasileira, em plataforma de valorização financeira do grande capital interno e externo, torna os ricos mais ricos e os pobres mais pobres.

No capitalismo da atualidade, cada vez mais para poucos, o determinante tem sido o receituário neoliberal. Em sua primeira fase, durante a "Era dos Fernandos" (Collor, 1990-1992, e Cardoso, 1995-2002), cerca de um terço da população foi convertida em "inempregáveis", conforme o presidente Fernando Henrique Cardoso alertou na abertura do Seminário Internacional sobre Emprego e Relações do Trabalho, realizado em abril de 1997, em São Paulo.

Atualmente, em pleno curso da segunda fase do neoliberalismo, a massa sobrante do capitalismo para poucos, patrocinada por Temer e por Bolsonaro, ameaça perfazer dois terços da população.

Isso, é claro, ao ampliar a contabilização do que se compreende por desemprego aberto, adicionado pelas várias formas disfarçadas de se esconder a redundância do trabalho às necessidades dos patrões.

Diante disso, nada parece acontecer, sobretudo no plano das ideias do Brasil oficial, que assiste ao aprofundamento da desigualdade de renda e riqueza, do rebaixamento do padrão de vida, da precarização da ocupação, da destruição ambiental, e da fome. A imutabilidade do diagnóstico prevalece, sem autocrítica dos defensores do receituário neoliberal, especialmente em relação ao enorme descompasso entre a retórica das promessas e a realidade posta.

O debate econômico segue empobrecido, revelando o quanto a guerra de oposições ideológicas se mostra infrutífera ao sentido de futuro que se encontra em disputa no mundo. De um lado, a preguiça daqueles que defendem a destruição do paradigma pretérito do desenvolvimentismo, acreditando que o espontaneísmo das forças de mercado seria, por si próprio, suficiente para protagonizar o novo. De outro lado, a perspectiva do retorno ao normal anterior, muito melhor, certamente, que a atualidade vivida pelo conjunto da população. Todavia, tal perspectiva corre o sério risco da decrepitude, sem compreender que o passado não mais se conecta às necessidades do presente e do futuro, especialmente em relação às fontes novas de expansão econômica no mundo.

A ausência de panoramas prospectivos sobre as possibilidades brasileiras indica certo desconhecimento a respeito das possibilidades de exploração da economia do mar e do espaço sideral. Enquanto o tema do mar permanece distante, perceptível apenas em sua superfície, a partir da longa costa brasileira, o que está no seu fundo segue pouco conhecido, com menos de 5% até agora monitorado.

O mesmo ocorre em relação à economia do espaço, que se estrutura em dois segmentos distintos: o espaço-Terra e o espaço sideral. No segmento espaço-Terra, que compreende a dimensão de até 100 quilômetros da superfície do mar, operam meios de transporte de cargas e humanos tradicionais, como aviões e helicópteros, e cada vez mais os satélites, que respondem por cerca de dois terços do faturamento obtido por atividades econômicas realizadas no espaço a serviço da Terra. As *big techs*, enquanto corporações transnacionais a operar o processo de datificação, tornaram os negócios mais valorizados nos mercados, expressos pela grandiosidade das operações nas bolsas de valores. Para além da linha de Kármán, 100 quilômetros acima da superfície da Terra, expande-se o segmento espaço sideral, movido tanto por via das empresas privadas em parceria com agências governamentais nos Estados Unidos, como por ação do Estado chinês em parceria com empresas privadas. As duas principais fontes de riqueza provêm da exploração de recursos naturais, através da mineração de produtos raros (platina, ouro e outros) em meteoros e da usinagem do hélio-3 na Lua.

O acesso aos recursos naturais no espaço visa servir de combustível às naves, de água para os futuros colonizadores, e de componentes de infraestrutura para a exploração do espaço sideral. As estimativas de ganhos extraordinários têm sido motivo de fortes investimentos privados e públicos em poucas nações no mundo.

Além disso, destacam-se os serviços de lançamento de foguetes, armazenamento de combustível, base espacial, e pesquisa e desenvolvimento científico de grande monta. Não parece haver limites acerca das possibilidades de exploração das fontes novas de riqueza, a orientar os segmentos da economia do espaço sideral.

Capítulo 5

Passado e presente da sustentação neoliberal e liberal anti-industrialista

Ao longo do regime republicano vigente nas últimas 13 décadas, a convergência política interna em torno da necessária passagem da vocação agrarista – subordinada ao posicionamento do Brasil subdesenvolvido na Divisão Internacional do Trabalho – sofreu dois importantes reveses. O primeiro, logo no início da República, ocorreu a partir de 1898. O então governo era de Campos Sales, que derrotou a confluência industrialista de militares e civis, em favor dos interesses da maioria política agrarista e rentista. Entre as iniciativas que aprisionaram os governos da República Velha até a Revolução de 1930, destaca-se o papel da Comissão de Verificação de Poderes, capaz de comprometer a presença de políticos críticos e de oposição ao liberalismo anti-industrialista, vigente nos poderes legislativo e executivo da época.

O segundo revés transcorreu meio século depois, a partir de 1990, com a ascensão do neoliberalismo, responsável pelo desmonte do projeto nacional desenvolvimentista ancorado no movimento modernista de 1922. Entre os anos 1930 e 1980, por exemplo, o Brasil se reposicionou na Divisão Internacional do Trabalho (DIT), através de um amplo sistema de manufatura: complexo tecnologicamente, diversificado setorialmente, e integrado nacionalmente. Portador, portanto, da nova sociedade urbana e industrial.

Nas últimas três décadas, contudo, a prevalência, em maior ou menor medida, do neoliberalismo foi apenas possibilitada pela adoção de variadas iniciativas de caráter político, judicial, policial, parlamentar, midiático, entre outros – como é o caso da Operação Lava Jato. Tal como a comissão verificadora dos poderes, vigente entre 1898 e 1930, o "lavajatismo" operou a favor da degola de políticos críticos e de oposição ao neoliberalismo.

Essa perspectiva teórica está descrita nas páginas a seguir, estruturada em duas partes que resgatam experiências da comissão verificadora dos poderes e do lavajatismo. Trata-se de um convite ao leitor interessado na reflexão de natureza estrutural e de maior duração sobre os caminhos e descaminhos do Brasil.

5.1 Liberalismo e anti-industrialismo na República Velha

Antes do aparecimento da justiça eleitoral autônoma, os sistemas eleitorais existentes funcionavam assentados com base em institutos de verificação dos poderes. Na França, por exemplo, concedia-se ao rei a verificação de poderes, o que prevaleceu até 1789, quando se passou ao poder legislativo a mesma função de validar o resultado do processo eleitoral, pós-Revolução Francesa.

Aqui no Brasil, a Assembleia Constituinte de 1823 assegurou ao Império dispor de duas comissões de verificação dos poderes: uma validava a diplomação dos parlamentares eleitos, enquanto outra verificava a legalidade dos diplomados pela primeira. Por sua discricionariedade, os casos de injustiças eleitorais se ampliaram pela validação de diplomas forjados de eleitos (situacionistas), assim como pela negação de diplomas de legitimamente eleitos (oposicionistas).

Essa situação distorcida da realidade, produzida pelo resultado das eleições ocorridas durante o Império (1822-1889), foi interrompida somente com a implantação da República, em 1889. Dez anos depois, todavia, o processo eleitoral passou a ser regido pela notoriedade do retorno da Comissão de Verificação de Poderes, entre os anos de 1898 e 1930.

Em 13 de outubro de 1899, sob o governo do quarto presidente da República, Campos Sales (1898-1902), a comissão dos cinco passou a vigorar discricionariamente tanto na validação de diplomas dos eleitos (mais de situacionistas) como na impugnação da diplomação de outros (mais de oposicionistas). Almejou-se, assim, alcançar estabilidade na política, que se deu, portanto, através da manipulação da maioria parlamentar; e na economia, exigia-se o receituário liberal do rentismo financeiro do *funding loan*, notadamente, com os bancos ingleses assentados na sustentação do modelo econômico primário-exportador.

5.1.1 O ANTI-INDUSTRIALISMO DO LIBERALISMO ECONÔMICO PRIMÁRIO-EXPORTADOR

A passagem do regime monárquico para o da República, em 1889, não foi acompanhada da aspirada estabilidade econômica e política. O grave problema identificado como "Encilhamento", logo no início da República, foi gerado pela política econômica, resultante dos erros de enfrentamento da escassez de moeda em circulação, após a Abolição da Escravatura (1888) e o massivo ingresso de mão de obra imigrante.

Com o amplo e desregulado processo de emissão de papel-moeda conduzido por Rui Barbosa, ministro da Fazenda do primeiro presidente da República, Marechal Deodoro da Fonseca (1827-1892), fracassou a iniciativa governamental de incentivar o crescimento da frágil economia em transição do mercantilismo escravista. Em associação às ações de "encilhar" atividades produtivas da época, equivalentes à operação de colocação do cavalo na pista de hipismo, o Encilhamento decorreu da generalização sem controle dos créditos monetários aos investidores. Produziu-se, assim, uma imensa especulação financeira, com desordem econômica e instabilidade política no alvorecer do nascimento capitalista no Brasil.

Desse modo, a defesa da industrialização, que se encontrava presente na proposta republicana de modernização da estrutura produtiva – proposta do final do século XIX –, foi soterrada pelo surto inflacionário, pela desvalorização da moeda nacional e pela falência de empresas e investidores. Em consequência, as fragilidades do intervencionismo do Estado, praticado no início da República, favoreceram o receituário liberal. Isso se deu com crescente apoio no setor exportador, formado sobretudo pelos grandes proprietários rurais, entre comerciantes importadores e financistas.

Diante da superprodução interna do complexo da cafeicultura, acompanhada pela queda dos preços no mercado internacional, o governo de Campos Sales fortaleceu os interesses das oligarquias rurais, especialmente os dos cafeicultores. Por intermédio de acordo realizado com banqueiros credores ingleses, a dívida externa foi renegociada, com empréstimo de 10 milhões de libras esterlinas, seguido da realização da moratória referente ao pagamento do endividamento, sobretudo juros.

Assim sendo, a afirmação da política interna, de valorização da produção e exportação dos produtos primários da época (café, borracha, algodão, cacau, erva-mate, minérios e outros), se adequou à posição do Brasil na Divisão Internacional do Trabalho, altamente dependente do exterior. Na perspectiva de Campos Sales, caberia ao Brasil "exportar tudo aquilo que nos é possível em melhores condições que outros povos e importar o que eles podem produzir em melhores condições que nós".

Dessa forma, o país poderia atender às garantias oferecidas pelo *funding loan*, como as receitas obtidas nas alfândegas das cidades portuárias, bem como as rendas tanto do abastecimento de água do Rio de Janeiro quanto da Estrada de Ferro Central do Brasil. Ao mesmo tempo, o país atendia às metas definidas pelo acordo com bancos externos de valorização da moeda nacional, e a meta de redução da inflação, convergente com a austeridade fiscal de redução tanto do gasto como dos investimentos públicos.

A crise herdada dos primeiros governos da República foi sendo contornada pela estabilização econômica parcialmente alcançada – a um custo interno de perda do dinamismo econômico e pela especialização da estrutura produtiva. A consolidação da vocação agrária no país postergou ainda mais as exigências de modernização nacional.

Por outro lado, problemas econômicos e sociais ganharam nova dimensão. Com o potencial de expansão industrial sendo postergado no tempo, perante as possibilidades mais vantajosas de importar do exterior em vez de produzir manufaturas internamente, a classe trabalhadora assistiu ao esvaziamento do seu poder de compra, ao desemprego, e à ausência de direitos sociais e trabalhistas. Tudo isso deixou o modo de vida da maior parte da população profundamente rebaixado na fase inicial do desenvolvimento capitalista no Brasil.

Mesmo para a contida mão de obra, integrada organicamente aos complexos produtivos competitivos com o exterior, especialmente nas atividades primário-exportadoras, o modelo econômico liberal anti-industrialismo pagava baixos salários. As relações trabalhistas vigentes ainda eram niveladas por baixo, partindo de parâmetros à sombra de um país recém-saído de um modelo escravocrata, que perdurou – a despeito de resistências – por 300 anos.

Para além disso, prevalecia uma massa inorgânica e sem destino no meio rural, sobrante aos requisitos do capitalismo vigente, pois estabelecia-se em atividades e regiões desconectadas com o modelo econômico primário-exportador. Resiliente em atividades de subsistência no campo e em algumas faces da economia popular nas cidades, a massa populacional inorgânica estava cada vez mais suscetível às oportunidades criadas pelo sistema jagunço agrário em formação, pelas vias do banditismo social e do fanatismo religioso.

5.1.2 A degola dos oposicionistas pela Comissão de Verificação de Poderes (1898-1930)

Concomitante ao plano de estabilização econômica anti-industrialista, conduzido pelo governo de Campos Sales, foi estabelecida uma significativa reforma política, em 1899, nos processos eleitorais. Ao contrário da primeira década da instalação da República, que havia descartado a Comissão de Verificação de Poderes implementada, desde a Assembleia Constituinte de 1823, as mudanças no Regimento Interno da Câmara dos Deputados redefiniram a forma de sustentação do sistema federativo até 1930.

Com isso, a Primeira República se afirmou concentrada no poder econômico das oligarquias agraristas regionais, cuja política dos governadores contava com o instrumento da Comissão Verificadora de Poderes para reconhecer a diplomação dos deputados eleitos em cada estado. Por esse mecanismo institucional, os grupos políticos de oposição sofriam a degola institucional, uma vez que dirigentes da comissão contavam com a confiança estrita do presidente da República Velha.

No sistema eleitoral fundado na restrição da massificação de eleitores e permeado por corrupção e fraudes, os parlamentares eleitos para a Câmara dos Deputados corriam riscos reais de não receberem a diplomação, caso fossem identificados com a posição política contrária ao do governante de plantão. Sob a acusação de desonestidade associada à fraude eleitoral, a oposição era suprimida, permitindo manter artificialmente a maioria parlamentar em sintonia com a política dos governadores daquela época.

Durante 13 legislaturas que cobrem o período de tempo referente aos anos de 1894 a 1930, por exemplo, a Câmara dos Deputados recepcionou 3.057 diplomas, sendo 301 (10%) não reconhecidos (Magalhães, 1986). Os estados da federação com maior número de diplomas negados no mesmo período de tempo foram: Bahia (68), Rio de Janeiro (54), Distrito Federal (23) e Ceará (22). Isso enquanto os estados com menor número de diplomas não reconhecidos foram: Rio Grande do Norte (1), Mato Grosso (2), Rio Grande do Sul (3), Paraná (4) e Santa Catarina (4).

As diferenças estaduais no que se refere ao não reconhecimento dos diplomas se vinculam, possivelmente, ao grau de competição existente no plano geográfico nacional entre as oligarquias regionais. Com isso, o grau de renovação na Câmara dos Deputados ao longo da República Velha situou-se ao redor dos 40% (Santos, 2013; Ricci & Zulini, 2014).

No que se refere aos mandatos presidenciais, o governo de Hermes da Fonseca (1910-1914) foi marcado pelo maior não reconhecimento dos diplomas de deputados durante a República Velha, pois representou 30,2% (91) do total de recusados. Se somar-se a degola ocorrida no governo de Hermes da Fonseca com a do governo de Campos Sales (1898-1902), com 74 diplomas não reconhecidos (24,6%), e com a de Wenceslau Brás (1914-1918), com 63 diplomas recusados (20,9%), somente os três presidentes responderam por 76% do total dos deputados eleitos, porém impedidos de assumir mandato.

Pelo instrumento da degola política de parlamentares oposicionistas, as oligarquias agraristas conseguiram dominar o cenário político e econômico a partir das suas regiões, cujos mecanismos de sustentação do poder passava pela Comissão Verificadora de Poderes. Concomitantemente, a política dos governadores estava assentada na troca de favores entre os governos federal e estaduais, uma vez que, nos estados, os governadores canalizavam os votos dos eleitores ao candidato à presidência, enquanto o governo federal atendia com vantagens e autonomia nos estados situacionistas.

Com a diplomação garantida pela Comissão Verificadora de Poderes, os parlamentares eleitos por indicação dos coronéis tomavam posse e reproduziam os poderes das oligarquias que controlavam na realidade política regional. A figura política do coronel se destacava devido a sua influência econômica e política, perante a definição do voto aos candidatos favoráveis às elites situadas no poder.

Para tanto, a prática política do coronelismo prevaleceu na República Velha, pois assentava-se em latifundiários, cujos interesses se reproduziam no domínio político a partir da coação eleitoral de subalternos. Neste sentido, a figura do voto de cabresto dos empregados de proprietários rurais prolongou, no início da República, a tradicional prática introduzida desde a instalação da Guarda Nacional, no início do Império: isto é, a ação de milícias e quadrilhas a controlar eleitores pela força da violência, bem como pelas trocas de pequenos favores, como o transporte gratuito e a disponibilização de cédulas eleitorais já preenchidas pelo candidato que foi indicado pelo coronel local.

Isso era possível mediante a ação dos latifundiários aliados ao governo central, os quais, de posse do título de coronel, exerciam a dominação territorial e o controle do monopólio da violência. Assim, buscavam evitar a propagação de revoltas mantendo uma relação de dependência e de temor. Concediam, ainda, benefícios aos segmentos pauperizados, sobretudo a partir de 1898, quando o voto era essencial para definir o presidente da República, os governadores e os parlamentares.

A manipulação dos resultados eleitorais garantia, portanto, a perpetuação dos idênticos segmentos políticos regionais, promovendo funcionalidade à política dos governadores. Pela convergência da chamada "política do café com leite", grupos políticos e econômicos de Minas Gerais e de São Paulo se revezavam nas candidaturas presidenciais, sustentadas pelos interesses das oligarquias agraristas e exportadoras.

5.2 Neoliberalismo e desindustrialização no ciclo político da Nova República

Na transição para o regime democrático, consagrada em 1985 com a eleição pelo colégio eleitoral introduzido pela ditadura civil-militar (1964-1985), a constituição do ciclo político da Nova República perpassou anos iniciais de forte instabilidade econômica e política. Quase dez anos se passaram até o sucesso de implantação do Plano Real em 1994, pelo então presidente

Itamar Franco (1992-1994). Ele estabeleceu as condições básicas para a estabilidade monetária do país, incompatíveis com a continuidade do projeto nacional desenvolvimentista iniciado ainda com a Revolução de 1930.

Antes disso e em pleno governo Sarney (1985-1990), a consolidação de um bloco político suprapartidário (Aliança Democrática), fundamental para a derrota de Paulo Maluf, indicado pelas forças da ditadura como candidato à presidente no colégio eleitoral de 1984, possibilitou o surgimento do bloco político identificado como Centrão. A sua formação repousa na prática de troca de favores – o toma lá, dá cá – por garantia de votos no parlamento, necessários à existência de maioria política de sustentação do presidente da República, o que consagrou o início do deslocamento da importância relativa do poder executivo para o legislativo.

Concomitante com o esvaziamento do presidencialismo, manifestado pela figura do presidencialismo de coalização parlamentar, tem-se a emergência do lavajatismo. Quase três décadas depois, esse mecanismo se especializou na promoção de degola de parlamentares, governadores e presidentes da República, fundada em esquemas de corrupção no interior do sistema de governança política. Em geral, o conjunto dos políticos mais visados pelo complexo das operações jurídico-policial-midiáticas se concentrou, inicialmente, nos críticos e, muitas vezes, opositores ao receituário neoliberal.

À medida que a degola passou a ser ampliada, ameaçando chegar aos políticos dóceis ao neoliberalismo, o lavajatismo sofreu forte inflexão interna, proveniente do próprio complexo jurídico-policial-midiático. Mesmo com as reações crescentes ao radicalismo do lavajatismo, que levaram à sua própria desmontagem alguns anos depois de ter sido instituído, o neoliberalismo e a desindustrialização se mantiveram praticamente intactos.

5.2.1 *Neoliberalismo, desindustrialização e especialização produtiva primário-exportadora*

A esfuziante motivação popular que trouxe para os anos de 1983 e 1984 a campanha nacional pelas Diretas Já fracassou no seu objetivo principal: estabelecer que a passagem dos 21 anos de ditadura civil-militar para a democracia ocorresse com ampla participação de todos os eleitores na eleição presidencial de 1985. O que aconteceu foi uma "transição política negociada" pelos interesses, especialmente, do andar de cima da sociedade.

Tanto assim que a Assembleia Constituinte, realizada conjuntamente com a eleição parlamentar de 1986, finalizou-se com a Constituição Cidadã em 1988 – que até hoje encontra enormes dificuldades de ser efetivada. O programa de transição política designado como "Esperança e Mudança", de 1982, que apontava para um conjunto de reformas democráticas a serem realizadas a partir do fim do autoritarismo, simplesmente foi desconsiderado desde então.

Na sequência, o resultado eleitoral de 1989, a primeira eleição direta para a presidência da República desde 1960, consagrou o novo horizonte pelo qual o Brasil passou a prosseguir dominado pelo receituário neoliberal. Com isso, o ingresso passivo e subordinado na globalização desde 1990 representou o abandono do projeto nacional desenvolvimentista que havia sido responsável pela transição do agrarismo e, por conseguinte, pela construção da nova sociedade urbana e industrial.

O que se assistiu a partir de então foi a ruína da sociedade industrial, sendo operada pela expansão dos serviços, em geral, de menor produtividade e calcada em empregos de baixa qualidade e remuneração. Por força do processo de desindustrialização, a trajetória da estagnação econômica, iniciada em 1990, prosseguiu marcada pela adoção do receituário neoliberal, salvo por períodos políticos específicos do país.

Em função disso, as possibilidades institucionais abertas pela Constituição de 1988 terminaram sendo comprometidas pelas debilidades constituídas na base da infraestrutura produtiva, necessária para o adequado financiamento do Estado de bem-estar social. Tais debilidades foram agravadas pela economia política do rentismo, perseguida sistematicamente pelo programa neoliberal de austeridade fiscal. Este terminou por favorecer a ampliação dos super-ricos, associados ao conjunto de facilidades impostas pela própria privatização do Estado.

Da mesma forma, o retorno ao passado, repaginado pela visão "moderna da vocação agropecuária e mineral", permitiu elevar as receitas em dívidas externas, esvaziando as antigas fragilidades impostas pelos desequilíbrios nas contas externas do balanço de pagamentos. Paralelamente, o país transitou do sistema econômico industrial, complexo, diversificado setorialmente e integrado regionalmente, para a especialização produtiva primário-exportadora.

Enquanto a riqueza privada encontrava o seu destino próprio no receituário neoliberal, os problemas sociais, resultantes da ruína da sociedade industrial, somente se agravaram, acompanhados do esvaziamento e do rebaixamento do horizonte das expectativas do andar de baixo da sociedade. Em consequência, o que se verificou, então, foi a opção pela adoção dos governos do ciclo político da Nova República, da gestão das emergências geradas pela enorme e crescente multidão de brasileiros sem destino

– sobrantes das exigências do capitalismo que estreitou a sua base material e ocupacional.

Nos anos 1980, por exemplo, dois a cada três empregados no país se encontravam incorporados às atividades tipicamente capitalistas. Ou seja, empregos dependentes exclusivamente da lógica econômica centrada na obtenção de lucro.

Na década de 2020, a presença de empregados em empresas tipicamente capitalistas havia sido reduzida para 49% do total da ocupação nacional. Em compensação, as atividades vinculadas à subsistência e à economia popular, distantes da lógica capitalista, passaram a responder por 40% do total da ocupação, seguidas do emprego público, com 11%.

A mudança na natureza da dinâmica econômica foi acompanhada, em sequência, pela alteração na composição ocupacional do país. Isso levou ao reposicionamento do Brasil na Divisão Internacional do Trabalho: especializado na exportação de produtos primários e importador de bens e serviços tecnologicamente avançados e com maior valor agregado.

Com isso, a capacidade de a economia capitalista absorver mão de obra declinou substancialmente, gerando crescente e inédito excedente nacional da força de trabalho. Mesmo com o chamado "bônus demográfico" – isto é, com a desaceleração no crescimento populacional –, a nação assistiu a índices de desemprego abertos vexatórios, combinados com formas sofisticadas e subutilizadas de trabalho, à "fuga de cérebros" pela emigração e à própria inatividade da população.

Neste complexo contexto nacional, os governos do ciclo político da Nova República difundiram práticas específicas de gestão da multidão de brasileiros excedentes – requisitos do capitalismo em declínio. De um lado, o processo de incorporação dos sobrantes rebeldes por intermédio da política massiva do encarceramento e da prática de violência, patrocinadora dos homicídios em elevada escala policial. De outro, a estratégia governamental de incorporação pela difusão de programas variados de transferência de renda aos segmentos sobrantes submissos. Entre os anos de 1985 e 2022, por exemplo, a parcela da população brasileira beneficiada por programas governamentais de garantia monetária de rendimento saltou de 2,7% para 40%.

Apesar do seu ineditismo, as ações governamentais de gestão da população sobrante terminaram perdendo fôlego com o passar do tempo. Isso porque surgiu e se expandiu o novo sistema jagunço urbano. Por um lado, a emergência do fanatismo religioso neopentecostal foi ocupando parte dos segmentos sociais que, até os anos 1980, se encontravam próximos das ações dos religiosos católicos vinculados à Teologia da Libertação.

Com as mazelas sociais aprofundadas pela ruína da sociedade industrial, decorrente do receituário neoliberal adotado e concomitante com o ingresso na globalização, a disseminação da multidão de sobrantes encontrou, na perspectiva da teologia da prosperidade neopentecostal, uma parte das esperanças de dias melhores, que seguem perdidas. A difusão das igrejas no território nacional, sobretudo nas regiões periféricas das grandes cidades, ampliou o mercado da fé e patrocinou inéditos empreendimentos econômicos, portadores de emprego e de ações sociais e políticas no interior da população empobrecida da nação.

Por outro lado, a reorganização do banditismo social permitiu absorver as crescentes hordas de sobrantes rebeldes, diante dos requisitos do capitalismo declinante no Brasil. Pela via da ascensão do crime organizado e da expansão das milícias, as atividades econômicas ilegais se tornaram prósperas, imiscuindo-se progressivamente nas atividades legalizadas, com interpenetração na administração pública pela via da terceirização e de licitações.

Mais recentemente, os dois braços do sistema jagunço urbano, com proliferação própria isolada, passaram a se juntar em operações comuns, tendo em vista o esgotamento da política de gestão social dos governos do ciclo político da Nova República. De certa forma, a gestão das massas sobrantes passou a ser compartilhada, quando não deslocadas do setor público, ao novo sistema jagunço urbano.

Nesse contexto interno, entre outros mecanismos de esvaziamento da representação parlamentar dos interesses contrariados pela sustentação do receituário neoliberal, a reforma eleitoral passou a ser fundamental. Diversas iniciativas ganharam destaque, desde o final da década de 1980, buscando mover o poder executivo em direção às vontades mais diretas da reprodução dos interesses econômicos dominantes no interior dos poderes judiciário e legislativo.

5.2.2 Esvaziamento do presidencialismo no parlamentarismo orçamentário

As buscas por conter a impulsividade do poder executivo federal contra a ordem burguesa foram inicialmente derrotadas nas tentativas de implementação do sistema parlamentar ao longo da República, herdada da experiência monarquista parlamentar no Brasil. Mesmo a iniciativa de quase 17 meses da adoção do regime parlamentarista, entre os anos de 1961 e 1963, foi profundamente fracassada.

Na Constituição de 1988, por exemplo, a perspectiva parlamentar esteve presente no sentido da construção constitucional, porém sem efetividade concreta. Tanto assim que, no plebiscito realizado em 1993, o sistema de governo parlamentar foi rejeitado. A grande maioria, 69% dos votantes, escolheu o presidencialismo.

A despeito disso, formas inovadoras e contínuas de controle do poder executivo permaneceram ativas e cada vez mais sofisticadas. Desde 1990, por exemplo, as eleições presidenciais registraram dois processos de *impeachment* (Collor, em 1992, e Dilma, em 2016), tendo ocorrido ainda em apenas duas vezes a transmissão direta da faixa presidencial entre o presidente eleito que finalizou o seu mandato e o novo presidente eleito que assumiu (FHC para Lula, em 2003, e Lula para Dilma, em 2011).

Na sucessão do último presidente da ditadura civil-militar, o general Figueiredo (1979-1985) negou passar a faixa presidencial ao presidente Sarney (1985-1990), que havia sido eleito indiretamente pelo colégio eleitoral vigente na época. Da mesma forma, o ex-presidente Bolsonaro (2019-2022) também negou passar a faixa presidencial ao presidente eleito Lula (2023-2026).

Não obstante as inocorrências do sistema eleitoral, as amarras parlamentares, impostas aos presidentes eleitos com disposição crítica e de oposição ao neoliberalismo, foram se mostrando cada vez mais evidentes. Nas tentativas de governantes de romper com a centralidade parlamentar do bloco político do Centrão, presidentes ameaçados de serem destituídos, como Lula, em 2005, e Bolsonaro, em 2020, tiveram que reposicionar a sua base política no poder legislativo, ou sofreriam degolas, como nos casos de Collor, em 1992, e Dilma, em 2016.

Para além da sistemática recomposição da base parlamentar, mediante o compartilhamento dos governos do ciclo político na Nova República, com forças políticas fincadas no seio ideológico neoliberal, há o deslocamento do poder orçamentário do executivo para o legislativo. Por intermédio do artifício diverso das emendas do poder legislativo, o orçamento público tem sido capturado crescentemente da esfera presidencial, gerando uma inédita espécie de parlamentarismo na alocação e destinação dos recursos públicos no Brasil.

Mas essa quantidade de recursos públicos a serviço do parlamento se encontra distante do que chegou a equivaler no início do ciclo político da Nova República, sobretudo se comparada com o ralo do rentismo, representado pelo pagamento dos encargos do endividamento público. Nos dias de hoje, os recursos orçamentários disponibilizados aos parlamentares se aproximam de somente 10% do total dos recursos públicos transferidos aos custos do endividamento público, associado às elevadíssimas taxas de juros praticadas no Brasil.

Na segunda metade da década de 1980, por exemplo, a relação era inversa: como o receituário neoliberal ainda ensaiava os seus primeiros passos, os recursos públicos apropriados pela política "franciscana" do "é dando que se recebe", adotada pelo bloco político de sustentação ao governo Sarney, formado pelo Centrão, eram muito superiores aos gastos com o endividamento do Estado.

Desde os anos 1990, contudo, a relação entre os recursos públicos apropriados pelos processos, tanto de "autonomização orçamentária" no parlamento quanto de "independência monetária" no Banco Central, contribuiu para o lento e gradual apequenamento do poder executivo. Assim, a denominação do "presidencialismo de coalizão", adotada originalmente pela esfera acadêmica, passou a expressar, no ciclo político da Nova República, a especificidade do relacionamento dos poderes associados ao executivo e ao legislativo. Certamente, é distinta da experiência democrática do período de 1945 a 1964.

Mas, para que houvesse a continuidade da dominância do receituário neoliberal no país, mesmo com a manifestação de maioria eleitoral patrocinadora de governos opositores ao neoliberalismo no Brasil, o denominado presidencialismo de coalização foi perdendo prevalência, sendo substituído por três ações de força dos interesses econômicos dominantes, a partir da década de 2010.

No início, destaque para a instauração da Operação jurídica-policial Lava Jato, regida pelo princípio do combate à corrupção no sistema político brasileiro. O sucesso das ações, voltadas ao desmoronamento de perfis pessoais e ao aprisionamento de empresários e políticos, articulados quase que exclusivamente aos governos de oposição ao neoliberalismo, terminou por obscurecer o desmonte procedido sistematicamente nos setores econômicos pujantes, geradores de riqueza e de empregos no país.

O abuso nas irregularidades e na difusão do *lawfare* e *lawmedia* pelo lavajatismo destruiu carreiras políticas e desorganizou empresas estatais e grandes firmas privadas. Da mesma forma, levou à desestruturação do Estado nacional e desarticulou o pacto de interesses entre os poderes executivo e legislativo, próprio do presidencialismo de coalização prevalecente no ciclo político da Nova República.

Com isso, assistimos à derrota de uma maioria política, formada no início do século XXI, e responsável pela vitória eleitoral em 2002 da candidatura de Luiz Inácio Lula da Silva – substitutiva do longevo domínio do bloco político de sustentação neoliberal desde 1990, quando iniciou a "Era dos Fernandos" (Collor, 1990-1992, e Cardoso, 1995-2002). A degola de políticos críticos e de oposição ao neoliberalismo abriu caminho para a segunda ação de força, implementada por intermédio do *impeachment* da presidenta Dilma (2016) e do aprisionamento do então ex-presidente Lula, que se encaminhava para ser novamente candidato e, possivelmente, imbatível nas eleições presidenciais de 2018, de acordo com diferentes pesquisas eleitorais da época.

Em função disso, vimos emergir o consagrado retorno do neoliberalismo, sem freios nos governos dos ex-presidentes Temer (2016-2018) e Bolsonaro (2019-2022). Diante das deformas destruidoras do Estado e da soberania nacional, bem como do desfalecimento das políticas públicas de bem-estar social, o Brasil declinou sua economia. O empobrecimento da população cresceu e houve redução da qualidade de vida, inclusive dos segmentos intermediários da sociedade. Somente os ricos ficaram mais ricos!

Por fim, mas não menos importante, houve a terceira ação de força, desencadeada pela liderança do bloco político multipartidário denominado Centrão. Pelas exitosas iniciativas das emendas parlamentares endereçadas à captura de parcelas crescentes do orçamento público, o poder legislativo passou a enquadrar o poder executivo, comprimindo o que até então era definido como presidencialismo de coalizão.

O resultado deste movimento tem sido o enquadramento e apequenamento do poder executivo, submetido à maioria política do Centrão, que agrega em torno de si parlamentares de múltiplos partidos. Com isso, há dificuldades crescentes de governança presidencial, em particular com o retorno eleitoral de governos críticos e de oposição ao neoliberalismo.

5.3 Para complementar: entraves ao enfrentamento

Os entraves ao enfrentamento do subdesenvolvimento nacional e da dependência externa se encontram associados às esferas das disputas de campos políticos distintos pelo controle do Estado brasileiro. No horizonte das maiorias políticas, vigentes tanto no passado liberal como no presente neoliberal, o anti-industrialismo se manteve dominante.

Pelas perspectivas do liberalismo, o Estado mínimo se sustentou funcional aos interesses do agrarismo e do rentismo, próprios da República Velha. Nesse sentido, a política do café com leite, sustentada desde 1898 pela oligarquia agrarista no acordo dos governadores, através da vigência da Comissão Verificadora de Poderes no parlamento, se mostrou central na degola de políticos críticos e, sobretudo, de oposição liberal e anti-industrial.

No período recente, o longevo apogeu neoliberal tem transcorrido por intermédio de múltiplas iniciativas, inclusive validado pela oportunidade que significou a experiência do lavajatismo. Sem isso, o anti-industrialismo do presente dificilmente teria se mantido ao longo do ciclo político da Nova República, conforme as páginas anteriores buscaram elucidar.

Capítulo 6
Implicações da acelerada transição demográfica

O processo de envelhecimento constitui parte significativa da transição demográfica em curso no Brasil. Sem ter se tornado rico, o país se encontra diante do desafio de melhor compreender a realidade atual da condição de velhice na periferia do sistema capitalista mundial.

De certa forma, o atributo necessário dessa reflexão, a respeito da emergência da sociedade em envelhecimento, quer colocar em questão o culto à juventude e ao modelo de beleza e de reprodução social. Diante do rompimento dos elos da expectativa de vida, a fragmentação entre a juventude, a vida profissional e a velhice passam a perder sentido.

Pela nova biologia do envelhecimento, uma espécie de revolução dos idosos entrou em curso, diante do acelerado avanço da presença da população com mais idade na sociedade brasileira. Não se trata do regulamento da imortalidade, mas da compreensão de que o prolongamento da vida humana abre novos horizontes de possibilidades de reorganização da economia e sociedade em novas bases.

Coincide, nesse sentido, com o aprofundamento do ingresso da sociedade brasileira na Era Digital. A difusão do uso da Internet corresponde à geração de soluções *online*, direcionadas aos vários domínios da vida (saúde, bem-estar cognitivo, social e emocional) da população, embora os idosos constituam o segmento com diferenças em relação à alfabetização, letramento, fluência e competência digital.

Diante do iletramento digital e da transição para a segunda fase de digitalização da economia e da sociedade brasileira – fase denominada "metaverso" –, a desigualdade terminou sendo aprofundada. Por isso, a pesquisa realizada ainda se torna mais instigante e pertinente, fundamental para todos que se encontram interessados pela longevidade da população e preocupados com a oferta de situação mais adequada ao conjunto dos idosos.

Por corresponder a quase 15% do total da população em 2021, o segmento etário de 60 ou mais de idade detém um somatório de todos os seus rendimentos como equivalente a aproximadamente 37% do total da renda do conjunto dos brasileiros, conforme revela a Pesquisa Nacional por Amostra de Domicílios (PNAD) do Instituto Brasileiro de Geografia e Estatística (IBGE). Ainda que sejam muito heterogêneos, com significativa desigualdade na repartição dos rendimentos, a totalidade dos idosos responde por uma parcela significativa dos rendimentos e, por consequência, do consumo.

Mas nem sempre foi assim, pois foi somente a partir da Constituição de 1988, com a tentativa de estruturação do sistema de seguridade social, que os idosos tiveram maior reconhecimento e cobertura das políticas públicas. Ao reduzir as diferenças entre aposentadorias e pensões quanto a diferentes segmentos sociais, e elevar o valor do piso monetário ao longo do tempo, houve tanto a ampliação da renda dos idosos como a redução da pobreza e da desigualdade entre eles, especialmente de gênero e cor/raça.

Até mesmo ocorreu significativa queda na quantidade dos "nem-nem idosos" (segmento da população com 60 anos ou mais de idade que não trabalha, não procura por trabalho, não está aposentado e não possui rendimentos, sobrevivendo de rendimentos de outros, em geral de familiares e conhecidos ou instituições de caridade ou filantrópicas). Converge com isso a própria redução na taxa de atividade dos idosos junto ao mundo do trabalho.

A elevação na taxa de envelhecimento foi acompanhada do maior acesso aos recursos de aposentadorias e pensões, o que permitiu ampliar o conjunto das fontes de renda e a gestão do dinheiro em plena situação de inatividade. Em grande medida, os rendimentos dos idosos, concentrados na faixa de até dois salários-mínimos mensais, revela a importância do sistema de aposentadoria e pensão na determinação do poder aquisitivo do segmento de 60 anos ou mais no Brasil.

Também se percebe a contaminação da renda dos idosos comprometida com empréstimos, uma vez que mais de um terço informa utilizar da experiência com instituições financeiras para atender as necessidades do poder de compra. Isso pode estar relacionado aos gastos diferenciados com o envelhecimento (mobilidade, remédios, tratamentos de saúde, cuidadores, entre outros), inclusive para os que ainda seguem ativos no mundo do trabalho, com ocupações variadas, especialmente o trabalho informal.

A partir do conjunto de informações empíricas presentes nas pesquisas "Idosos no Brasil"[1] do Sesc e da Fundação Perseu Abramo, pode-se avançar na apresentação de elementos de reforço convergente, sobre as perspectivas do segmento etário de 60 anos ou mais. Conforme as páginas a seguir, a trajetória da transição da sociedade industrial para a de serviços coloca novos e importantes desafios ao Brasil.

---

1 FUNDAÇÃO PERSEU ABRAMO/SESC. *Idosos no Brasil: O que mudou nos últimos 14 anos?* São Paulo: FPA/SESC, 2020.

6.1 O PROCESSO DE ENVELHECIMENTO NA LINHA DO TEMPO

O envelhecimento constitui um processo natural próprio a atingir toda a humanidade, sem exceção. Embora não seja novidade, foi somente mais recentemente, com a passagem das antigas sociedades agrárias para a urbana e industrial, a partir do século XVIII, que a participação da população idosa passou a ter maior e crescente presença demográfica.

Isso porque, em geral, no antigo e primitivo agrarismo, o modo de vida e trabalho era acompanhado por uma contida expectativa média de vida. No caso brasileiro, por exemplo, a expectativa média de vida mal alcançava os 30 anos.

Diante dos reduzidos ganhos de produtividade alcançados pelo exercício nas predominantes atividades econômicas do setor primário (agricultura, pecuária e extrativismo mineral e vegetal), a vida se resumia ao trabalho pela sobrevivência. Assim, o trabalho podia representar quase 4/5 do tempo de vida, tendo início a partir dos 5 a 6 anos de idade e prosseguindo até o fim da vida.

Sem a presença do sistema escolar e de direitos sociais e trabalhistas, o labor se iniciava muito cedo. Ocorria nas lidas domésticas, de cuidados em geral na família e na comunidade, estendendo-se para as atividades laborais diárias e próprias do modo de vida rural.

Sem descanso semanal, férias e feriados, o trabalho preenchia jornadas de até 16 horas ao dia, ocupando a totalidade da claridade natural, sobretudo em sociedades que antecederam a chegada da iluminação elétrica e de outras mudanças tecnológicas, próprias das revoluções industriais desde o século XVIII.

Conforme o Censo Demográfico de 1872, a população de 60 anos ou mais possuía 9,9% na condição de escravos, sendo 52,3%

homens e 47,7% mulheres. Do conjunto populacional dos com 60 anos ou mais considerados livres, equivalendo a 90,1% deste mesmo segmento de residentes, 53% eram homens e 47% eram mulheres.

Ainda para o segmento populacional de 60 anos ou mais, 56% eram não-brancos e 44% eram brancos. Do total da população não--branca, 18% estavam na condição de escravos.

Na capital do Império, em 1872, o Rio de Janeiro contava com 269,1 mil residentes. Desse total, apenas 3,4% possuíam 60 anos ou mais de idade, sendo 20% deles no regime de trabalho forçado.

Foi nesse contexto de sociedade agrária, e com a presença escravista, que emergiram as primeiras iniciativas de cuidado de idosos. Ainda na condição de colônia portuguesa, foi implementado o Montepio da Armada no ano de 1795, financiado pela Fazenda Real, e que terminou ampliando o direito à pensão mutualista e assistencial.

Em plena década de 1820, por exemplo, o segmento de professores e mestres que prestassem serviços por 30 anos contínuos seriam jubilados com vencimento integral (serventia vitalícia). A partir daí, alguns poucos segmentos do emprego público também foram sendo incorporados, como o corpo diplomático do poder judiciário e funcionários dos Correios, desde que completassem 60 anos de idade e 35 anos de serviço efetivo, ou por absoluta incapacidade física ou moral para o exercício da atividade.

No ano de 1878, a burocracia dos principais serviços da monarquia envolvia 18,2 mil servidores, sendo 24% do total na condição de aposentados e pensionistas. Além desses beneficiados, agregavam-se outros poucos servidores civis, militares e eclesiásticos.

O ingresso no capitalismo, com o regime de trabalho forçado posto na ilegalidade, permitiu a expansão do mercado de trabalho livre. Mesmo que ainda prevalecesse a sociedade agrária, os poucos núcleos urbanos apresentavam o aparecimento de novas questões sociais próprias do emprego assalariado da mão de obra.

Até a década de 1920, a realidade da população de 60 anos ou mais havia sofrido pouca alteração. Destaca-se, contudo, a sua queda relativa no total da população, que passou de 7,7%, em 1872, para 4,2%, em 1920, tendo em vista a redução no fluxo migratório europeu, composto, em geral, por segmento etário adulto.

Comparativamente a outros países, o Brasil possuía, na época, uma das mais baixas presenças do segmento de 60 anos ou mais em relação ao total da população. Enquanto isso, a França detinha 13,9% do total da população com 60 anos ou mais de idade em 1920, a Suécia registrava 12,2%, a Inglaterra 9,4%, a Alemanha 8,7%, e os Estados Unidos 7,6%.

Nesses países, por exemplo, já se registravam experiências mais amplas de garantia de renda à população com mais idade. Pelo menos desde 1883, com o primeiro sistema de seguridade social contributivo inaugurado na Alemanha por Otto von Bismarck, a proteção aos riscos sociais foi estabelecida numa sociedade com progresso industrial e conflitos ideológicos decorrentes dos ideais socialistas.

No Brasil, a previdência social teve origem na década de 1920, quando ainda predominava a sociedade agrária. Por conta disso, a Lei Eloy Chaves (Decreto nº 4.682), de 1923, criou as primeiras Caixas de Aposentadorias e Pensões (CAPs) de forma seletiva, no caso para as empresas de estrada de ferro.

Nos últimos cem anos, a previdência social esteve fortemente relacionada com políticas governamentais de trabalho e renda, ficando para filantropia institucionalizada, a partir de 1930, pela

Legião Brasileira de Assistência (LBA). Enquanto preocupação com o envelhecimento da classe trabalhadora, apresentou quatro fases distintas no âmbito do setor privado da economia nacional.

A primeira fase do sistema previdenciário do setor privado remonta aos anos entre 1923 e 1930. Com as CAPs obrigatórias para as empresas, a contribuição e cobertura dos benefícios previdenciários eram inicialmente de natureza privada, financiada de forma bipartite (patrões e trabalhadores) e associada à estabilidade no emprego após 10 anos de serviço na mesma firma.

A segunda fase da previdência social ocorreu entre 1930 e 1966, quando vigoraram os Instituto de Aposentadoria e Pensão (IAP), de gestão tripartite (Estado, patrões e empregados). Voltados ao meio urbano, os IAPs buscaram atender aos empregados assalariados formais em profusão no país, diante da transição da sociedade agrária para a industrial.

A terceira fase transcorre entre 1966 e 1988, a partir da unificação do sistema previdenciário, possibilitada pela criação do Instituto Nacional de Previdência Social (INPS), que, em 1966, incorporou todos os IAPs, integrando a totalidade dos segurados aos mesmos benefícios e contribuições do setor privado urbano. Cinco anos depois, em 1971, a criação do Fundo de Assistência ao Trabalhador Rural (FUNRURAL) expressou a primeira iniciativa governamental para a classe trabalhadora do campo fortemente associada à lógica assistencial, não previdenciária, inclusive com a inédita instituição da Renda Mensal Vitalícia (RMV) para idosos com mais de setenta anos e deficientes carentes, em 1974.

Por fim, a quarta fase da previdência social se iniciou com a aprovação da Constituição de 1988, que inovou com a perspectiva da seguridade social estruturadora das políticas de saúde, assistência e previdência social. Em adição à unificação do sistema de aposentadoria, como equivalência de direitos entre os trabalhadores do campo e os da cidade, entre outras inovações relevantes, a previdência e assistência social passara a sofrer alterações importantes.

Desde a implantação da Constituição atual (1988), o sistema previdenciário passou por seis reformas seguidas (1993, 1998, 2003, 2005, 2012 e 2019) que alteraram o sentido inicialmente previsto como apoio estatal à condição de velhice no Brasil. Mesmo assim, a cobertura da previdência social alcança 81,7% da população de 60 anos ou mais, com o total de 78,3% das mulheres e 86,1% dos homens (PNAD/IBGE, 2021).

Deste conjunto de beneficiados, 59,1% são aposentados, 9,1% pensionistas, e 7,2% aposentados e pensionistas. Em função disso, o Brasil registrou em 2015, por exemplo, 28,2 milhões de pessoas vivendo acima da condição de pobreza, pois, do contrário, sem acesso aos benefícios previdenciários, em vez de 12% da população de 60 anos ou mais ser pobre, possivelmente seriam 41% de idosos com renda *per capita* abaixo de meio salário-mínimo mensal.

Em conformidade com a pesquisa "Idosos no Brasil" (2ª ed.), 64% dos brasileiros informaram ter tomado conhecimento da última reforma da previdência, realizada em 2019, sendo que 17% se disseram "bem-informados" e 47% "mais ou menos informados". Entre os idosos, encontra-se o maior nível de "desinformação": 41% versus 31% de não idosos.

Para 61% do mesmo público entrevistado, a reforma da previdência foi considerada "ruim para a população", e, entre os idosos, 52% apontaram a mesma avaliação. Ainda mais de um terço deles (37%) considerou que a reforma da previdência também foi "ruim para o país", taxa que chega a 44% da população em geral.

No âmbito do Estatuto do Idoso de 2003, o envelhecimento compreende a faixa etária de 60 anos ou mais de idade. Além de reforçar a corresponsabilidade da família, da sociedade e do Poder Público, o idoso deve deter absoluta prioridade na "efetivação do direito à vida, à saúde, à alimentação, à educação, à cultura, ao esporte, ao lazer, ao trabalho, à cidadania, à liberdade, à dignidade, ao respeito e à convivência familiar e comunitária".[2]

Coube também à política de Assistência Social, conforme estabelecida pela Lei Orgânica da Assistência Social, prover, por parte do Estado, o atendimento da população idosa. Para tanto, os mecanismos de garantia de renda são operados pelo Benefício de Prestação Continuada, enquanto a proteção básica tem sido executada pelo Serviço de Proteção e Atendimento Integral à Família, no interior das equipes dos Centros de Referência Especializada de Assistência Social.

6.2 A inserção dos idosos na virada do século XXI

Nos últimos 41 anos, o conjunto da população sofreu importantes modificações, coincidindo com a transição da sociedade industrial para a de serviços no Brasil. O segmento etário de 60 anos ou mais assumiu a condição de parcela com maior dinamismo no interior da sociedade brasileira.

Em 2021, por exemplo, quase um a cada seis brasileiros se encontrava na faixa etária de 60 anos ou mais, ao passo que em 1980

---

2 BRASIL. "Lei Nº 10.741, de 1 de outrubro de 2003". Dispõe sobre o Estatuto da Pessoa Idosa e dá outras providências. Brasília, DF: Casa Civil, 2003. Disponível em: https://www.planalto.gov.br/ccivil_03/leis/2003/l10.741.htm.

era somente um a cada 16 brasileiros. Ao ritmo médio anual de crescimento de 3,7% ao ano, a população idosa foi multiplicada por 4,4 vezes nas últimas quatro décadas, enquanto o total da população cresceu acumuladamente no mesmo período 1,8% (ou 1,4% com média anual).

Com isso, a participação no total dos rendimentos dos brasileiros pela população idosa passou de 30,6%, em 1980, para 36,8%, em 2021. Variação positiva de 20,3% acumulado entre os mesmos anos.

Se considerar a massa de rendimentos da população de 60 anos ou mais, percebe-se alterações do ponto de vista racial e de gênero. A composição do segmento social idoso no Brasil passou de 47,4% de homens e 52,6% de mulheres, em 1980, para 44,1% e 55,9%, em 2021, respectivamente. Por cor/raça, nesse mesmo período, passou de 60% de brancos e 40% de não-brancos para 51,2% e 48,8%, respectivamente.

Assim, percebe-se que, entre 1980 e 2021, as populações branca e masculina decresceram em termos relativos 16,1% e 7%, respectivamente. Em compensação, as populações não-branca e feminina cresceram em termos relativos 22% e 6,3%, entre os mesmos anos.

Quando se considera a evolução na taxa de participação da população de 60 anos ou mais no mundo do trabalho, observa-se que houve redução relativa da soma dos ocupados e desempregados (economicamente ativos) em relação ao conjunto da população idosa. Entre 1980 e 2021, a taxa de participação decaiu 12% (de 24,9% para 21,9%), tendo sido mais intensa entre a população idosa não-branca, com queda de 24,7% ante 0,9% para a população branca.

Mesmo com a queda na taxa de participação do segmento idoso da população brasileira, o aumento na taxa de desemprego foi expressivo. Entre 1980 e 2021, a taxa de desemprego foi multiplicada por 7 vezes (de 0,9% para 6,3%), sendo mais intensa a elevação para a população idosa branca (9 vezes) do que para a não-branca (5,3 vezes).

A presença de políticas públicas de transferência de renda para a população com 60 anos ou mais contribuiu tanto para reduzir a pobreza e a desigualdade de rendimentos como para a presença dos "nem-nem idosos" (não trabalha, não procura trabalho, não está aposentado, não possui rendimento próprio, e depende do rendimento de outros). Em 2021, por exemplo, a massa de rendimentos da população idosa não-branca equivaleu a 48,8% do conjunto dos rendimentos da população idosa, enquanto a população de mais de 60 anos branca era de 51,2%.

Quarenta e um anos antes, em 1980, a massa de rendimentos da população idosa não-branca equivalia a 40% do conjunto dos rendimentos da população idosa, ao passo que a população de mais de 60 anos branca era de 60%. Ou seja, a participação relativa da massa de rendimentos da população idosa não-branca aumentou 22% em relação ao total dos rendimentos, e a da população idosa branca decresceu 14,7%, entre os anos de 1980 e 2021.

No caso do segmento denominado como "nem-nem idoso", a queda foi significativa. Como indicado anteriormente, por "nem-nem idoso" identifica-se o segmento da população com 60 anos ou mais de idade que não trabalha, não procura por trabalho, não está aposentado e não possui rendimentos. Sobrevive com rendimentos de outros, em geral de familiares e conhecidos ou instituições de caridade ou filantrópicas.

Em 2021, por exemplo, 8,7% da população de 60 anos ou mais de idade se encontrava nesta situação, enquanto, em 1980, eram

22,4% do total, o que representa uma queda de 61,6% no período de tempo em referência.

6.3 Mudança demográfica e perspectivas dos idosos no Brasil

Desde o último quarto do século XX, o Brasil vem registrando sinais que apontam para mudanças demográficas caracterizadas pela transição da alta taxa de mortalidade e fecundidade para patamares decrescentes. Em consequência, há a combinação entre a desaceleração do ritmo de crescimento demográfico e a aceleração do envelhecimento populacional.

Nota-se que o processo de envelhecimento populacional constitui uma realidade em diversos países, para além do Brasil, cuja transição demográfica tem sido relativamente recente, porém veloz. Por isso, a longevidade populacional repercute amplamente no país, como nos sistemas de saúde e de proteção social e no funcionamento do mercado de trabalho.

Na trajetória de longo prazo, a população brasileira acelerou o ritmo de expansão entre as décadas de 1940 e 2020. A partir de então, as projeções passam a apontar para a sua estabilização até 2050, quando deve decrescer. Em termos absolutos, a população de 169,8 milhões no ano de 2000 poderá chegar, em 2050, a 232,9 milhões, o que significa um crescimento acumulado de 37%.

De 2050 em diante, a população absoluta deve decrescer, tendo em vista o maior número de mortos em relação aos nascimentos vivos. Assim, a população estimada para o ano de 2100 deverá alcançar o contingente de 177,9 milhões de brasileiros, o que representa um decréscimo acumulado de quase 24% em relação ao ano de 2050 e um aumento de apenas 4,6% em relação à população de 2000.

Em síntese, após ter sido multiplicada por quase 5 vezes no século XIX e por algo próximo de 10 vezes no século XX, a população brasileira poderá crescer menos de 5% no século XXI.

A queda na taxa de fecundidade no Brasil contribui muito para isso. Resumidamente, a quantidade de filhos por mulher em sua idade fértil tem decaído desde a década de 1960, quando a mulher em idade fértil detinha, em média, 6 filhos.

Cinco décadas depois, o número médio de filhos por mulher havia declinado em 1,8 filhos, o que significou uma queda de 70% na taxa de fecundidade. Pela projeção demográfica do IBGE, a quantidade média de filhos por mulher deve se estabilizar em 1,5 filhos a partir de 2030.

Ao mesmo tempo, a taxa de mortalidade também tem declinado mais rapidamente desde os anos 1950. Com avanços na saúde pública e melhoras nas condições de nutrição, saneamento básico e campanhas nacionais de vacinação, a mortalidade infantil decaiu substancialmente. Entre 1990 e 2015, por exemplo, a queda na quantidade de mortos na faixa etária de até cinco anos de idade declinou 73%.

Diante de taxas decrescentes de mortalidade, a esperança de vida ao nascer da população tem se expandido. Entre os anos de 1950 e 2020, por exemplo, a longevidade média dos brasileiros aumentou 68,8%, pois passou de 45,5 para 76,8 anos (31,3 anos a mais). Na projeção para o ano de 2050, a expectativa média de vida do brasileiro pode chegar a 81,3 anos, com aumento de 5,6%. E para o ano de 2100, 85 anos.

A consequência decorrente da elevação da expectativa média de vida dos brasileiros é o avanço do processo de envelhecimento populacional. Se entre os anos de 1950 e 2010, o percentual etário de até 15 anos diminuiu de 42% para 25,6%, o segmento social com 60 anos ou mais de idade saltou de 4% para 10%.

Com isso, a relação de dependência, até então mais associada à população de menor idade, se converteu para o segmento social envelhecido. Em 2000, por exemplo, o segmento etário de 60 anos ou mais de idade, em relação à população total, era de 8,7%, podendo chegar a 44,4% em 2060.

De outro modo, a razão de envelhecimento medida pela população de 60 anos ou mais, em relação ao segmento etário de até 15 anos de idade, também tem aumentado consideravelmente. Entre 1970 e 2008, por exemplo, a relação entre a população de 60 anos ou mais com a de até 15 anos foi multiplicada por 3,8 vezes, pois passou de 12,2% para 36%.

6.4 Para complementar: a longevidade repensada

A imagem do idoso entediado, vestindo pijamas, pertence ao passado de um Brasil distante do quotidiano da sociedade atual. Uma família a cada quatro tem como chefe, ou como referência do domicílio, o idoso na condição de avós, pais e sogros.

Dos 10% dos brasileiros mais ricos, a presença dos idosos se aproxima de 40% desse mesmo segmento social, enquanto, entre os 10% mais pobres, mal corresponde a 3%. Ao mesmo tempo, mais de um quarto do total dos brasileiros que possuem casa própria em terreno próprio são idosos, com mais acesso a canais pagos de TV e à internet.

Nesta terceira década do século XXI, o segmento etário de 60 anos ou mais de idade responde por cerca de 15% do total da população, concentrando quase 37% da renda dos brasileiros. Apresenta também a mais baixa taxa de desemprego e pobreza entre o conjunto da nova sociedade em transição para a Era Digital.

De acordo com a pesquisa Sesc/FPA de 2020, os idosos no Brasil informaram ter dificuldades maiores de usufruir de maneira mais abrangente os benefícios tecnológicos que o mundo digital proporciona. Embora o acesso ao ensino tenha sido elevado entre os idosos, constata-se que 40% do segmento social de 60 anos ou mais apresenta problemas com leitura e escrita, decorrentes de escolaridade básica, analfabetismo, analfabetismo funcional e iletramento digital.

Diante da marcha socioeconômica imposta pela transição demográfica no Brasil, percebe-se a urgente necessidade de intervenção pública em novas bases, uma vez que as possíveis soluções privadas tendem a atender uma parcela contida do total de idosos no país. Não obstante os avanços alcançados, cabem ações públicas como a implantação dos sistemas de cuidados para pessoas idosas.

A preservação da humanidade do futuro pressupõe superar o envelhecimento mental e preconceituoso que se opõe à moderna perspectiva biogerontologista de se compreender a vida humana em sociedade como um processo contínuo de transições etárias. A superação da antiquada visão dominante acerca da vida juvenil, adulta e idosa como sendo partes estanques permite avançar sobre as novas descobertas que emergem da nova sociedade em envelhecimento.

Ou seja, é o entendimento de que a parte do tempo de vida que resta ao segmento da população com mais idade assume relevância política especial, pois deixa de ser tratada como fardo e problema fiscal permanente. Pelo contrário, a evolução do processo de envelhecimento no Brasil aponta para uma das principais transformações na sociedade brasileira nesse início do século XXI.

Em 1980, por exemplo, quando o segmento etário de 60 anos ou mais de idade representava 6,1% do total de brasileiros, a participação relativa na renda total era de quase 31%, com 23% na condição de pobres e 22,4% classificados como "nem-nem idosos". Mais de quatro décadas depois, a presença dos idosos avança para 1/5 da população, enquanto sua participação relativa na renda dos brasileiros se aproxima dos 2/5, a taxa de pobreza se reduziu para menos de 5%, e um pouco mais de 8% deles podem ser considerados "nem-nem idosos".

O novo tempo do Brasil requer superar a cegueira situacional de se considerar o envelhecimento como sendo o colapso da juventude. O avanço da longevidade demográfica fundamenta outro percurso de oportunidades, substanciais ao modo de vida na sociedade, na política, na cultura e na economia, aberta pela mudança de época em curso durante o primeiro quarto do século XXI.

Posfácio

Entre a autenticidade e a alienação na disputa do futuro

Desde a "Era dos Fernandos", vigente na virada para o século XXI, quando o Brasil havia aderido – passiva e subordinadamente – ao processo neoliberal de globalização, a perspectiva da autenticidade no pensamento e ação foi perdendo força e conteúdo explicativo sobre os rumos da nação e seu povo. De lá para cá, o mundo se transformou acelerada e profundamente, colocando em questão o próprio sentido da vida, submetida ao avanço da alienação a cancelar a própria perspectiva de disputa de futuro.

Em outras palavras, conforme teria afirmado Millôr Fernandes, o Brasil contemporâneo teria pela frente um enorme passado a percorrer. Cairia por terra, assim, a máxima apregoada desde a década de 1940, pela ótica de Stefan Zweig, de que o Brasil seria um "país do futuro".

Sob a dominação do capitalismo de vigilância, a serviço do poder das grandes corporações transnacionais, sobretudo as *big techs*, a soberania dos Estados nacionais estaria cada vez mais enfraquecida. O termo "soberania de dados" emerge com centralidade na atualidade, diante da realidade de que os dados, informações pessoais, financeiras, entre outras, ao serem coletados e armazenados em um determinado local geográfico, encontram-se submetidos à legislação externa.

Sem a soberania de dados, reduz-se a capacidade de os governos realizarem políticas públicas em meio à competição geopolítica digital entre as grandes corporações transnacionais. Outra forma de dominação emergiu, fazendo valer a complexa dimensão do subdesenvolvimento e dependência externa.

No passado, justamente no início do século XIX, o movimento pela independência nacional buscou alcançar a soberania política. Para tanto, houve a luta pela superação de mais de três séculos de subordinação externa, instituída pela vigência do sistema colonial europeu.

Não foi por menos que o projeto de Brasil soberano foi lançado pelo "patriarca da Independência", José Bonifácio de Andrada e Silva (1763-1838), que se colocou como partícipe da disputa de futuro naquela época. Isso porque ele percebeu desde logo a dificuldade da construção de um país com enormes diversidades étnicas, culturais, geográficas e regionais, e um país submetido na época ao isolamento da escravidão, analfabetismo, e concentração bruta de poder, privilégios e riqueza.

Sem ascendência política suficiente na correlação de forças sociais, a autenticidade do pensamento e ação proposta por Bonifácio de Andrada e Silva terminou sendo solenemente derrotada pela alienação do idealismo monarquista, assentada na internalização eurocentrista da elite dominante. Nesses termos, o passado pesaria sobre o presente, condicionando o próprio futuro da nação e de seu povo.

Da mesma circunstância histórica se notabilizou o conjunto de possibilidades abertas por iniciativas internas em busca do desenvolvimento soberano. Na segunda metade do século XIX, por exemplo, a frente política aberta em torno da disputa do futuro, em um país ainda moldado pelo trabalho forçado e comprometido pelo latifúndio monocultor de exportações, contou desde empresários ousados como o Barão de Mauá (1813-1889) e Delmiro

Gouveia (1863-1917) até o significativo movimento popular consagrado pela campanha abolicionista (Moraes, 1924).

Apesar disso, prevaleceu a condição periférica de país primário-exportador, dependente da hierarquia capitalista mundial, sob liderança inglesa. O abandono da autenticidade do pensamento e ação foi imposto pela correlação de forças políticas internas, inclinadas na direção da alienação de continuidade do domínio agrarista.

No início do século XX, contudo, o declínio da hegemonia inglesa, potencializador das disputas sucessórias entre Estados Unidos e Alemanha, foi acompanhado pela retomada da perspectiva da autenticidade no pensamento e ação, sobre os rumos da nação e seu povo. Os movimentos modernista e tenentista, por exemplo, terminaram por balançar o país, ao questionarem a veracidade de uma independência política fortemente alienada pelo funcionamento econômico sem soberania nacional.

Para Celso Furtado (1920-2004) e outros importantes intérpretes do país, a questão nacional estava constrangida pela realidade da localização externa do centro de decisões, uma vez que o modelo primário-exportador prevalecia subordinado e dependente à demanda externa. Na perspectiva de Oswald de Andrade (1890-1954), a economia nacional resumia um país de produção e exportação de sobremesas (cacau, café e açúcar). Ainda que importantes, jamais poderiam ser a essência do desenvolvimento de uma economia soberana.

A disputa de futuro se alicerçou entre os modernistas, que estavam em luta pela transição do longevo e atrasado agrarismo para a nova sociedade urbana e industrial. O processo de modernização se realizou parcialmente, submetido, todavia, pelo tacão conservador que por cerca de meio século, desde a Revolução de 1930, impediu a realização das reformas democráticas e civilizatórias (fundiária, tributária e social) clássicas do capitalismo industrial.

Com isso, a materialização do futuro nacional em disputa se fez ancorada em contradições, pautadas pelo vai e vem da prevalência da autenticidade do pensamento e ação, e em meio aos retrocessos da alienação autoritária, violenta e repressiva. Ao final da década de 1970, o Brasil se encontrava entre as principais economias industriais do mundo, inédito feito na periferia ocidental de passado colonial e escravista, porém contaminado pela exclusão de parcela da população e por ampla desigualdade, assegurada pela brutal concentração de poder, privilégios e riqueza.

Agora, no início do século XXI, quando a sociedade industrial ficou na poeira da história e a superindustrialização dos serviços domina, o Brasil se encontra diante de uma encruzilhada história, a separar autenticidade de alienação. Próximo de completar quatro décadas, o ciclo político da Nova República, iniciado em 1985, manteve o inédito regime democrático aceso, ainda que centrado fundamentalmente na gestão das emergências do *curtoprazismo*.

Em plena mudança de época, a transformação digital revoluciona as formas de produzir e distribuir riquezas, bem como o próprio sentido da vida. O surgimento de um novo campo para as disputas de horizonte do futuro solidifica sociedades interconectadas, cujo processo de datificação serve ao modelo de negócios, a difundir o consumismo propagador da acumulação capitalista e destruidor do próprio planeta.

Pelos dados disponíveis na economia e na sociedade, pessoais ou não, o oligopólio mundial de corporações *big tech* efetiva a mineração digitalizada pós-moderna, a capturar e submeter às novas tecnologias de informação e comunicação o poder de enfraquecimento da soberania dos Estados nacionais sobre os dados. O resultado tem sido a conformação de outro padrão de sociabilidade, aprofundado pela inédita difusão de informações, que altera a relação humana com máquinas e, por consequência, o próprio comportamento humano, os sentimentos e as sensações cada vez mais manipulados por algoritmos e pela denominada inteligência artificial.

Com o fim da Guerra Fria (1947-1991), a polarizada divisão do planeta Terra em três mundos (o primeiro no Norte Global Ocidental, o segundo pertencente ao bloco de países de socialismo real, e o terceiro das nações não alinhadas) ficou para trás. Cada vez mais, o protagonismo do Sul Global tem se apresentado como possibilidade concreta de futuro diferente do passado, desde que a autenticidade do pensamento e ação prevaleça sobre o peso da alienação crescente e propulsora da esfera política nazifascista.

Por isso, o processo de dominação atual se destaca por sua sofisticada dimensão psicossocial do afeto, e por hábitos de reconhecimento racional acerca de vantagens que decorrem do processo de datificação do capitalismo de vigilância. Ao mesmo tempo, a imposição viciada da cultura contagiada pelas ferramentas digitais coloca em evidência, por exemplo, a opinião pública circunscrita à esfera dos negócios, que contempla crescentemente a sua manipulação ao sabor dos interesses econômicos dominantes, especialmente o rentismo de múltiplas formas de manifestação.

No livro *Teoria do Brasil*, ou, na versão posterior, *Os Brasileiros: Teoria do Brasil*, Darcy Ribeiro (1922-1997) oferece ao leitor uma base teórica para pensar o Brasil. Na sua época, a ampliação das expectativas de futuro tornava desafiante o presente para além dos limites impostos pelas inevitáveis emergências do *curtoprazismo*.

Há esperança nas possibilidades de a autenticidade do pensamento e ação superar o atraso alienante pelo qual o Brasil segue submerso. Mas isso requer a decisão de assumir o seu próprio destino, pois nada pode impedir de ser o que se pode ser, salvo o medo de ousar, fazer diferente do atraso imposto pelo domínio da alienação.

Passar o Brasil a limpo, eis a pretensão do conjunto das páginas anteriores. Para, além do mergulho na realidade, o engajamento na sua transformação, o que requer a autenticidade do pensamento e ação sobre os rumos da nação e seu povo.

Referências bibliográficas

ABDELNOUR, S.; BERNARD, S. "Vers un capitalisme de plateforme? Mobiliser le travail, contourner les régulations". *La Nouvelle Revue du Travail*, n. 13, 2018.

ACEMOGLU, D.; RESTREPO, P. "Automation and New Tasks: How Technology Displaces and Reinstates Labor". *Journal of Economic Perspectives*, 33 (2): 3-30, 2019.

ACOSTA, A.; BRAND, U. *Pós-extrativismo e decrescimento: saídas do labirinto capitalista*. São Paulo: Elefante, 2018.

ACOSTA, A. *O Bem Viver: uma oportunidade para imaginar outros mundos*. São Paulo: Elefante, 2016.

ADITI, S.; HUWS, U. *Platformization and Informality: Pathways of Change, Alteration, and Transformation*. Londres: P. Macmillan, 2023.

ADORNO, T.; HORKHEIMER, M. *Dialética do esclarecimento: fragmentos filosóficos*. Rio de Janeiro: Zahar, 1985.

ADORNO, T. *Indústria cultural*. São Paulo: Ed. UNESP, 2020.

ALTHUSSER, L. *Ideologia e aparelhos ideológicos do Estado*. 3. ed. Lisboa: Presença, 1980.

ANTUNES, R. *Adeus ao trabalho? Ensaio sobre as metamorfoses e a centralidade do mundo do trabalho*. São Paulo: Cortez, 2000.

ARANTES, P. *A fratura brasileira do mundo: visões do laboratório brasileiro*. São Paulo: Editora 34, 2023.

ARÁOZ, H. *Mineração, Genealogia do Desastre: o Extrativismo na América como Origem da Modernidade*. São Paulo: Elefante, 2020.

ARAÚJO, J. "Polarização epidemiológica no Brasil". *Epidemiologia e Serviços de Saúde*, 21 (4): 533-538, dez. 2012.

ARRIGHI, G. *O longo século XX: dinheiro, poder e as origens de nosso tempo*. São Paulo: UNESP/Contraponto, 1996.

BACKES, A. *Fundamentos da ordem republicana: repensando o pacto de Campos Sales*. Porto Alegre: ICP/UFRGS, 2004.

BARBOSA, A. *A formação do mercado de trabalho no Brasil*. São Paulo: Alameda, 2008.

BAUMAN, Z. *Modernidade líquida*. Rio de Janeiro: Zahar, 2001.

BECK, U. *Sociedade de risco: rumo a outra modernidade*. São Paulo: Editora 34, 2010.

BECKER, G. *Human capital: a theoretical and empirical analysis, with special reference to education*. Chicago: University of Chicago Press, 1964.

BELL, D. *O advento da sociedade pós-industrial*. São Paulo: Cultrix, 1973.

BELLO, E. *et al.* "Operação Lava Jato: ideologia, narrativa e (re)articulação da hegemonia". *Revista Direito e Práxis*, 12 (3): 1645-1678, jul.-set. 2021.

BENJAMIN, W. *O Anjo da História*. Lisboa: Assírio & Alvim, 2008.

BERQUÓ, E. S.; LIMA, L. P. "Planejamento da fecundidade: gravidezes não desejadas". *In*: MINISTÉRIO DA SAÚDE. *Pesquisa Nacional de Demografia e Saúde da Criança e da Mulher*. Brasília: Ministério da Saúde, v. 1, 2019, p. 135-149.

BESSON, S. *Conquista do Ocidente*. Campinas: Vide Editorial, 2018.

BISOM-RAPP, S.; COIQUAUD, U. "The Role of the State towards the Grey Zone of Employment: Eyes on Canada and the United States". *Papers in Political Economy 1*, v. 58, 2017. Disponível em: https://papers.ssrn.com/sol3/papers.cfm?abstract_id=2978153.

BOMFIM, M. *A América Latina: males de origem*. Rio de Janeiro: CEPS, 2008.

BORGES, G. *et al. Mudança demográfica no Brasil no início do século XXI*. Rio de Janeiro: IBGE, 2015.

BOTELHO, C. *et al* (orgs.). *Reforma da Previdência: A visita da velha senhora*. Brasília: Gestão Pública, 2015.

BOULIN, J.; KESSELEMAN, D. (orgs.). "Work and employment grey zones: new ways to apprehend emerging labour market norms". *European Review of Labour and Research of European Trade Union Institute*, v. 24, n. 3, aug. 2018.

BOURDIEU, P. *Sobre o Estado*. São Paulo: Companhia das Letras, 2014.

______. *A distinção: Crítica social do julgamento*. Porto Alegre: Zouk, 2011.

BRAUDEL, F. *The perspective of the world: civilization & capitalism*. Nova Iorque: Harper & Row Publisher, 1979.

BUREAU, M. *et al.* (orgs.). *Les zones grises des relations de travail et d'emploi*. Bruxelas: Peter Lang, 2017.

BURNHAM, J. *O suicídio do Ocidente: um ensaio sobre o significado e o destino do esquerdismo*. Campinas: Vide Editorial, 2020.

CALIXTRE, A.; FAGNANI, E. "A política social e os limites do experimento desenvolvimentista". *Texto para Discussão*, n. 295, 2017.

CARDOSO, A. "Uma utopia brasileira: Vargas e a construção do estado de bem-estar numa sociedade estruturalmente desigual". *Dados*, v. 53, n. 4, 2010.

CARMO, R. *et al. Que futuro para a igualdade? Pensar a sociedade e o pós-pandemia*. Lisboa: CIES, 2022.

CARVALHO, M. *et al. Programas e serviços de proteção e inclusão social dos idosos*. São Paulo: IEE/PUC-SP, 1998.

CASILLI, A. *En attendant les robots*. Paris: Seuil, 2019.

CASTEL, R. *As metamorfoses da questão social: uma crônica do salário*. Rio de Janeiro: Vozes, 1998.

CASTRO, J. "A política social no Brasil: distribuição de renda e crescimento econômico". *Plataforma Política Social*, n. 10, 2018.

CINGOLANI, P. *La colonisation du quotidien. Dans les laboratoires du capitalisme de plateforme*. Amsterdã : Ed. d'Amsterdam, 2021.

CLASTRES, P. *A sociedade contra o Estado*. Porto: Afrontamento, 1975.

CLAUSEWITZ, C. *Da Guerra*. São Paulo: Martins Fontes, 2010.

COLLIER, R. *et al. Disrupting Regulation, Regulating Disruption*. Cambridge: Cambridge University Press, 2018.

COOLING, A. "Gênero e História: um diálogo possível?". *Revista Contexto e Educação*, v. 19, n. 71/72, 2004.

CUNHA, E. *Os sertões*. São Paulo: Ed. Três, 1984.

CUPPINI, N.; FRAPPORTI, L. "When cities meet platforms: Towards a trans-urban approach". *Digital Geography and Society*, v. 3, 2022.

DAVIS, M. *Holocaustos coloniais*. São Paulo: Record, 2002.

DIAMOND, J. *Colapso: como as sociedades escolhem o fracasso ou o sucesso*. 2. ed. São Paulo: Record, 2005.

DIAS, G. *Antropoceno*. São Paulo: Gaia, 2016.

DRAPKIN, I. *Manual de Criminologia*. São Paulo: José Bushatsky Ltda., 1978.

DRUCKER, P. *Sociedade pós-capitalista*. Lisboa: Actual, 2015.

DUDENEY, G. *Letramentos Digitais*. São Paulo: Parábola, 2016.

DURAND, C. *Technoféodalisme: critique de l'économie numérique*. Paris : Éditions La Découverte, 2020.

DUSSEL, E. *1492. El encubrimiento del Otro: hacia el origen del "mito de la modernidad"*. La Paz: Plural, 1994.

______. *Filosofia da Libertação: crítica à ideologia da exclusão*. São Paulo: Paulus, 2015.

ELIAS, N. *O processo civilizador*. Rio De Janeiro: Zahar, 1990.

FERGUSON, N. *Civilização: Ocidente X Oriente*. Campinas: Crítica, 2021.

FERNANDES, F. *A revolução burguesa no Brasil*. Rio de Janeiro: Zahar, 1975.

______. *Capitalismo dependente e classes na América Latina*. Rio de Janeiro: Zahar, 1975.

FERRARI, F. *et al.* "Migration and migrant labour in the gig economy". *Work, Employment and Society*, 37 (4): 1099-1111, 2023.

FORD, M. *Rise of the Robots: Technology and the Threat of a Jobless Future*. Philadelphia: Basic Books, 2015.

FOUCAULT, M. "A vida dos homens infames". *In*: *Ditos & Escritos*. Rio de Janeiro: Forense Universitária, 2010.

FUNDAÇÃO PERSEU ABRAMO/SESC. *Idosos no Brasil: O que mudou nos últimos 14 anos?* São Paulo: FPA/SESC, 2020.

FURTADO, C. *A fantasia organizada*. Rio de Janeiro: Paz e Terra, 1985.

GABRIELLI, J. *et. al. Operação Lava Jato: crime, devastação econômica e perseguição política*. São Paulo: Expressão Popular, 2021.

GALEANO, E. *As veias abertas da América Latina*. Porto Alegre: L&PM, 2016.

GALTON, F. *Hereditary Genius: An Inquiry Into Its Laws and Consequences*. Nova Iorque: Prometheus Books, 2016.

GEISELBERGER, H. *A grande regressão: um debate internacional sobre os novos populismos e como enfrentá-los*. São Paulo: Estação Liberdade, 2019.

GIAMBIAGI, F.; TAFNER, P. *Demografia: a ameaça invisível*. Rio de Janeiro: Elsevier, 2010.

GOBINEAU, J. *Essai sur l'inegalite des races humaines*. Paris: Createspace, 2015.

GOLDBERG, J. *O suicídio do Ocidente: Como o tribalismo, o populismo, o nacionalismo e a política identitária estão destruindo a democracia*. São Paulo: Record, 2020.

GOMES, Â. *A invenção do trabalhismo*. São Paulo: Vértice, 1998.

GOMES, F. *O fim do Ocidente? A Europa, os Estados Unidos e o resto do mundo numa nova Era Global*. Lourdes: Alma dos Livros, 2021.

GONÇALVES, J. "Ciclo vital". *Contexto & Educação*, 31 (98): 79-110, 2016.

GORZ, A. *Adeus ao proletariado*. Rio de Janeiro: Forense Universitária, 1982.

GORZ, A. *Metamorfoses do trabalho. Crítica da Razão Econômica*. São Paulo: Annablume, 2003.

GREEN, J. *Antropoceno: Notas sobre a vida na Terra*. Rio de Janeiro: Intrínseca, 2021.

GRUPO KRISIS. "Manifesto contra o trabalho". *Cadernos do LABUR*, n. 2, 1999.

GUDYNAS, E. *Direitos da natureza: ética biocêntrica e políticas ambientais*. São Paulo: Elefante, 2020.

______. "Estado compensador y nuevos extractivismos". *Nueva Sociedad*, 237: 128-146, 2012.

GUIMARÃES, J. *et al. O novo humanismo*. São Paulo: Paulus, 2022.

HABERMAS, J. "Trabajo e interacción. Notas sobre la filosofía hegeliana del período de Jena". *In*: *Ciencia y técnica como ideología*. Madri: Tecnos, 2001.

HANSEN, A. "Economic progress and declining population growth". *The American Economic Review*, 29 (1): 1-15, 1939.

HANSON, V. *Por que o Ocidente venceu: massacre e cultura da Grécia Antiga ao Vietnã*. Rio de Janeiro: Ediouro, 2002.

HARDT, M.; NEGRI, A. *Multidão: guerra e democracia na era do império*. São Paulo: Record, 2004.

HARVEY, D. *Condição pós-moderna: uma pesquisa sobre as origens da mudança cultural*. Rio de Janeiro: Loyola, 1992.

______. *O novo imperialismo*. São Paulo: Loyola, 2003.

HAYEK, F. *Individualism and economic order*. Chicago: University of Chicago Press, 1937.

HEGEL, G. *Filosofia da História*. Brasília: UNB, 1999.

HOBBES, T. *Leviatã*. São Paulo: Martin Claret, 2014.

HOBSBAWM, E. *Guerra y paz en el siglo XXI*. Buenos Aires: Editorial Argentino, 2012.

HOLLANDA, C. *Modos da representação política: o experimento da Primeira República brasileira*. Belo Horizonte: UFMG, 2009.

IBGE. *PNAD Contínua*. Rio de Janeiro: IBGE, 2021.

______. *Projeções da população: Brasil e unidades da federação*. Rio de Janeiro: IBGE, 2018.

JIPING, X. *A governança da China*. Pequim: EdLE, 2021.

KANT, I. *Crítica da Razão Pura*. 5. ed. Lisboa: Fundação Calouste Gulbenkian, 2001.

______. *Observações sobre o sentimento do belo e do sublime: Ensaio sobre as doenças mentais*. São Paulo: Edições 70, 2012.

KELLER, R. *A ofensiva do conservadorismo: luta de classes e crise do socialismo*. Rio de Janeiro: Lumen Juris, 2019.

KEMPF, H. *O fim do Ocidente e o nascimento do mundo*. Lisboa: Presença, 2013.

KERCHE, F.; FERES JR., J. *Operação Lava Jato e a democracia brasileira*. São Paulo: Contracorrente, 2018.

KERCHE, F.; MARONA, M. *A política no banco dos réus: a Operação Lava Jato e a erosão da democracia no Brasil*. Belo Horizonte: Autêntica, 2022.

KITTRIE, Orde F. *Lawfare: Law as Weapon of War*. Oxford: Oxford University Press, 2016.

KOTKIN, J. *The coming of neofeudalism: a warning to the global middle class*. Nova Iorque: Encounter Books, 2020.

KOWARICK, L. *Capitalismo e marginalidade na América Latina*. 4. ed. Rio de Janeiro: Paz e Terra, 1985.

KRENAK, A. *Ideias para adiar o fim do mundo*. São Paulo: Companhia das Letras, 2020.

KUMAR, K. *Da sociedade pós-industrial à pós-moderna: novas teorias sobre o mundo contemporâneo*. Rio de Janeiro: Zahar, 1997.

KURTZ, R. *A Guerra de Ordenamento Mundial: O Fim da Soberania e as Metamorfoses do Imperialismo na Era da Globalização*. Tradução de Lumir Nahodil. Berlim: Horlemann Verlag, 2003.

Disponível em: https://nunomiguelmachado.wordpress.com/wp-content/uploads/2018/10/kurz-2003a.pdf.

KURTZ, R. *Os últimos combatentes*. 4. ed. Petrópolis: Vozes, 1998.

______. *O colapso da modernização*. Rio de Janeiro: Paz e Terra, 2008.

______. *O colapso da modernização. Da derrocada do socialismo de caserna à crise da economia mundial*. 2. ed. Rio de Janeiro: Paz e Terra, 1993.

LAZARI, J. "Inferioridade Feminina: o (des)enredo da violência". *Revista de Ciências Humanas*, v. 7, n. 10, 1991.

LEAL, V. *Coronelismo, enxada e voto: o município e o regime representativo no Brasil*. São Paulo: Alfa-Omega, 2012.

LEBRÃO, M. L. "O envelhecimento no Brasil". *Revista de Saúde Coletiva*, 4 (17): 135-140, 2007.

LEFEBVRE, H. *A cidade do capital*. Rio de Janeiro: DP&A, 1999.

______. *La production de l'espace*. 4. ed. Paris: Éd. Anthropos, 2000.

LEHDONVIRTA, V. *Cloud Empires: How Digital Platforms Are Overtaking the State and How We Can Regain Control*. Cambridge: MIT Press, 2020.

LESSA, R. *A invenção republicana: Campos Sales, as bases e a decadência da Primeira República brasileira*. Rio de Janeiro: Topbooks, 1988.

LETERME, C. *L'avenir du travail vu du Sud: Critique de la "quatrième révolution industrielle"*. Paris: Syllepse, 2019.

LIMA, M. *Pan-americanismo*. Brasília: Senado Federal, 1980.

LOMBROSO, C. *O Homem Delinquente*. São Paulo: Ícone, 2010.

MAGALHÃES, M. *O mecanismo das comissões verificadoras de poderes: estabilidade e dominação política, 1894-1930*. Brasília: ICH/UNB, 1986.

MALTHUS, T. *Princípios de economia política e considerações sobre sua aplicação prática*. São Paulo: Abril Cultural, 1983.

MARCUSE, H. *Tecnologia, guerra e fascismo*. São Paulo: UNESP, 2001.

MARICATO, E. *Metrópole na periferia do capitalismo: ilegalidade, desigualdade e violência*. São Paulo: Hucitec, 1996.

______. (org.). *A produção capitalista da casa (e da cidade) no Brasil Industrial*. São Paulo: Alfa-Omega, 1982.

MARINI, R. *et al. Teorías del imperialismo y la dependencia desde el sur global*. Buenos Aires: Cienflores, 2022.

MAROTTA, M. *Previdência e assistência no Brasil Imperial*. Niterói: UFF, 2019.

MARQUES, E.; TORRES, H. *Segregação, pobreza e desigualdades sociais*. São Paulo: Senac, 2005.

MARQUES, R. "Efeitos da Operação Lava Jato na economia brasileira". *In*: MILEK, C. *et. al.* (orgs.). *Relações indecentes*. São Paulo: Tirant lo Blanch, 2020, p. 92-98.

MARSHALL, T. *Cidadania, classe social e status*. 3. ed. Rio de Janeiro: Zahar, 1979.

MARX, K.; ENGELS, F. *A ideologia alemã*. São Paulo: Boitempo, 2007.

MARX, K. *O capital*. São Paulo: Boitempo, 2013.

MELLO, J. *O capitalismo tardio*. São Paulo: Brasiliense, 1984.

MENDONÇA, Marco; LOPES FILHO, Carlos; e OLIVEIRA, Juliana. "A Nova Rota da Seda e a Projeção Econômica Internacional da China: redes de financiamento e fluxos de Investimento Externo Direto (IED)". *Boletim de Economia e Política Internacional - BEPI*, 31: 9-37, set./dez. 2021.

MENEGAT, M. *Depois do fim do mundo: a crise da modernidade e a barbárie*. Rio de Janeiro: Relume Dumará, 2003.

______. *Estudos sobre ruínas*. Rio de Janeiro: Revan, 2012.

MOBIUS, P. *A inferioridade mental da mulher: a deficiência mental fisiológica da mulher*. Alicante: Biblioteca Virtual Miguel de Cervantes, 2021.

MORAES, E. *A Campanha Abolicionista*. 2. ed. Brasília: UNB, 1996.

MOROZOV, E. *Big Tech: A ascensão dos dados e a morte da política*. São Paulo: Ubu, 2018.

MORRIS, I. *O domínio do Ocidente*. São Paulo: Bertrand, 2013.

NAÇÕES UNIDAS. *World Population Ageing 2015*. Nova Iorque: UN, 2017.

NERI, A. (org.). *Idosos no Brasil: Vivências, desafios e expectativas na terceira idade*. São Paulo: FPA/Edições Sesc SP, 2007.

NUM, J. "Superoblación relativa, ejercito industrial de reserva y masa marginal". *Revista Latinoamericana de Sociologia*, v. 5, n. 2, 1969.

OECD. *Live Longer, Work Longer*. Paris: OECD Publishing, 2006.

OFFE, C. *Capitalismo desorganizado*. São Paulo: Brasiliense, 1985.

______. *Trabalho e Sociedade* (Perspectivas, v. 2). Rio de Janeiro: Edições Tempo Brasileiro, 1991.

OLIVEIRA, F. *A economia brasileira: crítica à razão dualista*. São Paulo: CEBRAP, 1975.

PAIVA, B.; OURIQUES, N. "Uma perspectiva latino-americana para as políticas sociais: quão distante está o horizonte?". *Katálysis*, 9 (2): 166-175, jul./dez. 2006.

PAOLI, M. *Desenvolvimento e marginalidade*. São Paulo: Pioneira, 1974.

PEREIRA, L. *Estudos sobre o Brasil contemporâneo*. São Paulo: Pioneira, 1971.

PETRAS, J. "Brasil: o capitalismo extrativo e o grande salto para trás". *Tensões Mundiais*, 10 (18-19): 301-323, 2014.

PEUGNY, C. "La mobilité sociale descendente et ses conséquences politiques: Recomposition de l'univers de valeurs et preférence partisane". *Revue Française de Sociologie*, 47 (3): 443-478, 2006.

POCHMANN, M. *A metrópole do trabalho*. São Paulo: Brasiliense, 2001.

______. *A grande desistência histórica e o fim da sociedade industrial*. São Paulo: Ideias & Letras, 2022.

POCHMANN, M. *Desenvolvimento e perspectivas novas para o Brasil*. São Paulo: Cortez, 2010.

______. *O neocolonialismo à espreita: mudanças estruturais na sociedade brasileira*. São Paulo: Sesc, 2021.

______. *Novos horizontes do Brasil na quarta transformação estrutural*. Campinas: Unicamp, 2022.

______. *Qual o desenvolvimento?* São Paulo: Publisher, 2009.

PRADO JR., C. *Formação do Brasil contemporâneo*. São Paulo: Brasiliense, 2008.

PRADO, E. *A ilusão americana*. São Paulo: Brasiliense, 1961.

PREBICH, R. *Dinâmica do desenvolvimento latino-americano*. Rio de Janeiro: Fundo de Cultura, 1968.

PRONER, C. *et al.* (orgs.). *Comentários a um acórdão anunciado: o Processo Lula no TRF4*. São Paulo: Outras Expressões, 2018.

PWC. *O abismo digital no Brasil*. Disponível em: https://www.pwc.com.br/pt/estudos/preocupacoes-ceos/mais-temas/2022/o-abismo-digital-no-brasil.html.

REICH, R. *O trabalho das nações*. São Paulo: Educator, 1994.

REININGER, M.; KARBGINSKY, D. *Digital Literacy*. Lancaster: Chemeketa Press, 2017.

RIBEIRO, A.; COSCARELI, C. *Letramento digital: Aspectos sociais e possibilidades pedagógicas*. São Paulo: Autêntica, 2007.

RICARDO, D. *Princípios de economia política e de tributação*. São Paulo: Abril Cultural, 1982.

RICCI, P.; ZULINI, J. "As eleições para a *Câmara dos* Deputados no Brasil republicano". *In*: *Encontro da Associação Brasileira de Ciência Política, 9*. Rio de Janeiro: ABCP, 2014, p. 1-26.

RIFKIN, J. *O fim dos empregos*. São Paulo: Makron, 1995.

RODRIGUES, M. *Maranhão: do europeismo ao nacionalismo*. São Luís: Plano Editorial, 1993.

ROGERS, C. (org.). *The Military Revolution Debate: Reading on the Military Transformation of Early Modern Europe*. Londres: Routledge, 1995.

ROMANO, S. *Lawfare: guerra judicial y neoliberalismo en América Latina*. Buenos Aires: Mármol Izquierdo, 2019.

ROTH, S. "The great reset: reestratification for lives, livelihoods, and the planet". *Technological Forecasting and Social Change*, v. 166, 2021.

ROUSSEAU, J. *Discurso sobre a origem e os fundamentos das desigualdades entre os homens*. Porto Alegre: L&PM, 2008.

SADIK, Y.; SOUSSI, S. (orgs.). "Épistémologies des Suds". *Revue Interventions économiques*, n. 64, 2020.

SAINI, A. *Superior: The Return of Race Science*. Boston: Beacon Press, 2019.

SANTOS, M.; SILVEIRA, M. *O Brasil: território e sociedade no início do século XXI*. Rio de Janeiro: Record, 2001.

SANTOS, M. *Urbanização brasileira*. São Paulo: Hucitec, 1993.

______. *Técnica, espaço, tempo: globalização e meio técnico-científico-informacional*. 5. ed. São Paulo: Edusp, 2013.

SANTOS, T. *Teoria da dependência*. Florianópolis: Insular, 2020.

SANTOS, W. *Cidadania e justiça: a política social na ordem brasileira*. Rio de Janeiro: Campus, 1979.

______. "O sistema oligárquico representativo da Primeira República". *Dados*, 56 (1): 9-37, 2013.

SCHULTZ, T. *O capital humano: investimentos em educação e pesquisa*. Rio de Janeiro: Zahar, 1973.

SCHWARZ, R. *Martinha versus Lucrécia*. São Paulo: Companhia das Letras, 2012.

SEFRYN, P. "Creative destruction and neoliberal landscapes: post-industrial archaeologies beyond ruins". *In*: MCATACKNEY, L.; RYZEWSKI, K. (orgs.). *Contemporary archaeology and the city: creativity, ruination, and political action*. Oxford: Oxford Academic, 2020.

SILVA, C. *et al.* (orgs.). *Mulher e trabalho: encontro entre feminismo e sindicalismo*. Recife: SOS Corpo, 2005.

SILVA, L.; RODRIGUES, N. *Estudos sobre a escravidão negra*. Recife: FJN/Massangana, 1988.

SIMMEL, G. "O dinheiro na cultura moderna". *In*: SOUZA, J.; OËLZE, B. (orgs.). *Simmel e a modernidade*. Brasília: Editora da UNB, 1998.

SMITH, A. A Riqueza das Nações: Uma Investigação sobre a Natureza e as Causas da Riqueza das Nações. São Paulo: Madras, 2009.

SOARES, V. *et al.* (orgs.). *Mulher e trabalho*. São Paulo: Boitempo, 2000.

SOMBART, W. *Guerra y capitalismo*. Madri: Editora Galo Sáez, 1943.

SPENCER, H. *The Man Versus the State: With Six Essays on Government, Society, and Freedom*. Indiana: Liberty Fund., 1982.

SPOSATI, A. *et al. Assistência Social na trajetória das políticas sociais brasileiras*. 5. ed. São Paulo: Cortez, 1992.

SRNICEK, N. *Capitalisme de plateforme: L'hégémonie de l'économie numérique*. Montreal: L. Éditeur, 2018.

STARR, P. "'Post-industrial' versus 'neoliberal': rival definitions of our age". *In*: STARR, P.; ZELIZER, J. *Defining the age: Daniel Bell, his time and ours*. Nova Iorque/Chichester: CUP, 2022, p. 161-194.

STREECK, W. *Tempo comprado: A crise adiada do capitalismo democrático*. São Paulo: Boitempo, 2018.

SVAMPA, M. *As fronteiras do neoextrativismo na América Latina: conflitos socioambientais, giro ecoterritorial e novas dependências*. São Paulo: Elefante, 2019.

______. "Consenso de los commodities, giro ecoterritorial y pensamiento crítico en América Latina". *OSAL*, 32: 16-38, nov. 2012.

TARDO, P.; LAVAL, C. *A nova razão do mundo: ensaio sobre a sociedade neoliberal*. São Paulo: Boitempo, 2016.

THOMPSON, K. *et al. Digital Literacy and Digital Inclusion: Information Policy and the Public Library*. Lanham: Rowman & Littlefield, 2014.

TILLY, C. *Durable Inequality*. California: University of California Press, 1998.

TOURAINE, A. *La societé post-industrielle*. Paris: Denoël, 1969.

______. *Igualdade e diversidade*. São Paulo: Edusc, 1997.

TOYNBEE, A. *Guerra e civilização*. Oeiras: Presença, 1963.

TZU, S. *A arte da guerra*. São Paulo: Novo século, 2015.

VAROUFAKIS, Y. *Technofeudalism:What Killed Capitalism*. Londres: Vintage, 2024.

VASCONCELOS, S. "Homens provisórios: coronelismo e jagunçagem em *Grande Sertão: Veredas*". *Scripta*, v. 5, n. 10, 2002.

WACQUANT, L. *Punir os pobres*. 2. ed. Rio de Janeiro: Revan, 2003.

WALLERSTEIN, I. *The modern world-system: capitalist agriculture and the origins of the European world-economy in the Sixteenth Century*. Nova Iorque: Academic Press, 1974.

WALRAS, L. *Élements d' économie politique pure: la théorie de la richesse sociale*. Paris: Libraire Général de Droit et de Jurisprudence, 1952.

WALZER, M. *Esferas da justiça: uma defesa do pluralismo e da igualdade*. São Paulo: Martins Fontes, 2003.

WARD, S. *Neoliberalism and the global restructuring of knowledge and education*. Londres: Routledge, 2014.

WEBER, M. *Economia e sociedade*. Brasília: Ed. UNB, 1991.

WRIGHT MILLS, C. *A elite no poder*. 4. ed. Rio de Janeiro: Zahar, 1981.

Conheça também

A GRANDE DESISTÊNCIA HISTÓRICA E O FIM DA SOCIEDADE INDUSTRIAL
Marcio Pochmann

O leitor está convidado a refletir a respeito da atualidade do processo cumulativo de enfraquecimento da sociedade industrial brasileira em curso desde o final do século XX. Nesse mesmo sentido, a interpretação acerca da desistência histórica à qual o país se encontra submetido revela o quanto o realismo periférico contaminou as elites do país. Por isso, estendem-se pelo vasto território nacional, caracterizado pela massificação das vítimas humanas do desemprego, uma decrescente mobilidade social e um cancelamento da perspectiva de futuro. As respostas concedidas pelo fanatismo religioso e o banditismo social ganham mentes e corações no cenário de desespero e anomia social.

CONTRA-HISTÓRIA DO LIBERALISMO
Domenico Losurdo

Por meio de uma surpreendente metodologia de pesquisa, manejada com maestria, e uma investigação histórica e filosófica inédita e corajosa, Losurdo – professor titular de História da Filosofia na Universidade de Urbino (Itália), reconhecidamente um dos grandes pensadores mundiais da atualidade – vira ao avesso a história do liberalismo convencionalmente divulgada e ensinada. Os resultados que o leitor poderá verificar são impactantes e polêmicos.

MARX
Terrell Carver (org.)

Este livro oferece um vasto panorama de todas as principais áreas nas quais Marx fez contribuições significativas: filosofia política, filosofia moral, estética, lógica, e as filosofias da ciência, da história e da religião. Uma atenção especial é dedicada às críticas mais contundentes do feminismo e da teoria de gênero ao pensamento de Marx. Estudantes calouros e não especialistas encontrarão aqui o guia mais oportuno e descomplicado atualmente disponível sobre esse pensador. Estudantes avançados e especialistas, por sua vez, encontrarão um compêndio de desdobramentos recentes da exegese marxista.

Esta obra foi composta em sistema CTcP
Capa: Supremo 250 g – Miolo: Pólen Natural 70 g
Impressão e acabamento
Gráfica Santuário